A Grammar-integrated Focus on Form Approach
to English Teaching

英文法導入のための「フォーカス・オン・フォーム」アプローチ

髙島 英幸 編著
Hideyuki Takashima

大修館書店

はしがき

　美味しいものをいただくと誰しも笑顔になる。私のお気に入りのサンドイッチショップには，ポテトサラダや野菜のサンドイッチだけでなく，バナナやイチゴなどのフルーツが具として挟まれているフルーツサンドイッチがある。秋には，パンプキンが入っているものもあり，四季折々，さまざまな味が楽しめるのも魅力である。
　英国では，ローストビーフやマッシュポテトにかけるグレービー・ソース (gravy) について，「完璧なレシピ (料理法)」が発表されたとのことである。完璧なレシピの決め手は「最後に，しょうゆを少々」，理由は「うまみ」を出すためらしい（毎日新聞，2009年11月22日）。うまみは，甘味，酸味，塩味，苦味とならぶ五味の一つで，成分のグルタミン酸の抽出には日本人が貢献したそうである。本書では，日本のEFL (English as a Foreign Language) というインプットやインターアクションが十分ではない言語環境において，授業に「うまみ」を加えることができるような，文法説明や言語活動を提案している。限られた授業時間の中で，効率的かつ効果的に指導できる授業，教室に生徒の笑顔が溢れるような授業にするために，本書が一助となることを願っている。学習者が味をしめ，学習意欲が高まることを期待したい。
　授業のガイドラインとなる学習指導要領が改訂され，中学校では4技能を総合的に，高等学校ではそれらを統合的に指導するという校種による区分がなされている。「統合的な指導」が少々わかりにくいかもしれないが，例えば，「総合商社」はあるが，「統合商社」はなく，また，「総合病院」はあるが「統合病院」がない理由を考えると謎を解く手掛かりとなる。「総合」は構成している要素（総合商社を構成する部や課，総合病院を構成する科などに相当）が一つ一つ区別できるが，それが「統合」されると，個々の要素がまとまることにより異なったものになり，元の要素がはっきりと区別できなくなるのである。英語の4技能の統合を目標として，4技能を総合的に扱う授業を行うと考えると理解も容易になる。本書は，基礎・基本となる文法説

明と言語活動を中心として，総合的に4技能を扱うための具体例を多く提案している。

本書は学習指導要領の改訂を受け，第1章では，授業構成のフレームワークを提示し，今後の授業内容の方向性を示す。また，本書で取り上げる文法構造が選択された根拠を示し，文法構造を対比して指導する認知比較 (cognitive comparison) の重要性についても言及する。第2章では，4技能統合型授業につながる文法説明とプラクティスおよびフォーカス・オン・フォームの考え方を取り入れた言語活動について解説する。第1章と第2章にはコラムを設け，それぞれの内容と関連のある情報を提供する。第3章では，8つの対比文法項目別に，教室場面での具体的な指導方法として，文法説明，プラクティスとフォーカス・オン・フォームによる言語活動を提案している。また，本書や関連の書物を読む際に解説が必要だと思われる用語（本文中で初出を太字）を「用語の解説」で説明している。なお，英文に付いている＊は，当該文が非文法的であることを表している。

第二言語習得理論研究の分野では，文法の指導は，何らかの手段で明示的に行うこと，また，学習者のパフォーマンスの誤りに明示的に気づかせることが，学習にはより効果的であるという多数の研究成果（N. Ellis, 2007）がある。同時に，言語習得には，タスク，あるいは，タスク的な課題解決型の言語活動に取り組むようにさせ，誤りの修正は言語活動の中で行うのが効果的であるという研究（R. Ellis, 2003）がある。本書は，理論的背景としてこの両者を組み合わせ，日本の英語教育に適合する形での言語活動を含む文法指導の提案である。

最後に，原稿の段階で多くの貴重なフィードバックをくださった神奈川県立外語短期大学の村越亮治さんと，本書の企画から脱稿，校正，表紙のデザインまで，筆者たちの意見を取り入れてくださり，常に温かく見守り励ましてくださった大修館書店の須藤彰也さんに心よりお礼申し上げる。また，執筆者全員，そして，これらの方々を支えてくださったご家族にも感謝の意を表す次第である。

平成23年1月15日

髙島英幸

目　次

はしがき ……………………………………………………………………… iii

第1章　コミュニケーション能力と4技能の育成 …………… 3

1.1　学習指導要領の改訂と外国語(英語)教育の方向性 ………… 3
　　1.1.1　全教科に共通する「指導計画の作成等」の変化　3
　　1.1.2　外国語(英語)科の目標と内容　4
　　1.1.3　改訂に伴う授業における言語活動の工夫・充実　5
1.2　コミュニケーション能力の総合的・統合的な育成 ………… 6
　　1.2.1　形式の学習から意味伝達の内容に重きを置いた活動への移行　7
　　1.2.2　EFL環境における文法指導　10
1.3　コミュニケーション能力育成のための技能を統合した言語活動
　　………………………………………………………………………… 12
　　1.3.1　教室における技能統合型の言語活動　12
　　1.3.2　言語活動実施の際に配慮する点　13
　　1.3.3　技能統合を図る言語活動の具体例(現在分詞の分詞構文)　17
1.4　文法項目と習得の関係 ……………………………………………… 22
　　1.4.1　習得が困難な文法項目と母語の影響　22
　　1.4.2　中学生の英語の語順の習得状況調査結果　25
　　1.4.3　語順の習得　27
　　1.4.4　文法構造の認知比較　28

　〈コラム1〉　様々な国の学習者には何が難しい？
　　　　　　　― 母語が外国語の学習に及ぼす影響 ― ……………… 30
　〈コラム2〉　中学校外国語(英語)科と小学校外国語活動の連携 ……… 32

第2章 フォーカス・オン・フォーム(FonF)に基づく文法指導 ………………… 35

- 2.1 技能統合型の言語活動につながる文法説明 ……………………… 35
  - 2.1.1 「受け身(受動態)と能動態」の文法説明の具体例　36
  - 2.1.2 文法説明の内容：言語形式，意味，言語使用　38
  - 2.1.3 文法説明の方法：生徒とのインターアクション　41
  - 2.1.4 文法説明のタイミング　42
- 2.2 基礎・基本のプラクティスとフォーカス・オン・フォーム ……… 44
  - 2.2.1 文法とコミュニケーション　44
  - 2.2.2 プラクティスの役割　46
  - 2.2.3 文法説明と連動させたプラクティス　48
  - 2.2.4 フォーカス・オン・フォームという考え方　53
  - 2.2.5 フォーカス・オン・フォームの種類　54
  - 2.2.6 フォーカス・オン・フォームの手法を取り入れた活動の例　57
  - 2.2.7 プラクティスとFonF活動　66

〈コラム3〉「フォーカス・オン・フォーム」アプローチによる中学生への「タスク活動」の実践 ………………………………………………… 68

〈コラム4〉言語活動と英語学習への動機づけ ……………………………… 70

第3章 「フォーカス・オン・フォーム」アプローチの具体例 ……………… 73

- 3.1 授業の流れ ……………………………………………………………… 73
- 3.2 各対比文法項目の指導 ………………………………………………… 73
  - 3.2.1 be動詞と一般動詞　75
  - 3.2.2 疑問詞が主語の場合・目的語の場合　88
  - 3.2.3 SVOとSVOO　101
  - 3.2.4 不定詞(副詞的用法と形容詞的用法)　111
  - 3.2.5 分詞による後置修飾と前置修飾　130
  - 3.2.6 関係代名詞(主格と目的格)　146
  - 3.2.7 自動詞と他動詞　162
  - 3.2.8 過去形と過去完了形　176

用語の解説 …………………………………………………… 191
参考文献 ……………………………………………………… 211
索　引 ………………………………………………………… 223
あとがき ……………………………………………………… 226

英文法導入のための
「フォーカス・オン・フォーム」アプローチ

第1章　コミュニケーション能力と4技能の育成

　本章では，学習指導要領の改訂を受け，授業構成のフレームワークを提示し，授業内容や文法説明・言語活動の方向性を示す。とりわけ，**コミュニケーション能力（communicative competence）**の育成の最終目標は，即時（on-line）に4技能が駆使できることであり，教室における言語活動を含む文法指導[1]は，教室外で英語を用いたコミュニケーションができるようになるためのシミュレーションであることを示す。

1.1　学習指導要領の改訂と外国語(英語)教育の方向性

　日本の学校教育のガイドラインであり，また，遵守すべき法的拘束力を持つ学習指導要領は，平成元年，平成10年，そして，平成20年と，平成に入ってから10年ごとに改訂されている。小学校では平成23年度より，中学校では平成24年度より完全実施され，高等学校では平成25年度より学年進行で実施される。

1.1.1　全教科に共通する「指導計画の作成等」の変化

　学習指導要領には，改訂にかかわった協力者によって書かれた『中学校学習指導要領解説　外国語編』（以下，『解説』）がある。その一項目として「指導計画の作成等に当たって配慮すべき事項」があり，基本的に，全教

---

[1] 本書では，文法指導（grammar instruction）は，「文法説明（grammar explanations）と言語活動（language activities）を包括しているもの」と考えている。本書が提案する言語活動は，すべて，特定の文法構造の定着を図るためのものであり，この意味では，文法指導の一環と考えられるからである。

科・領域に授業計画作成上の注意事項が記載されている。『解説』の平成10年度版（文部省，1998）と今回改訂の平成20年度版（文部科学省，2008 b, pp. 66-67）を比較すると，新たに加わった内容は次の5点にまとめられる（括弧内は平成20年度版の項目番号）。
① 基礎的・基本的な知識や技能の活用を図る学習活動や，言語に関する能力の育成を図る言語活動の充実 (1)
② 学習の見通しを立てたり，振り返りをする活動の導入 (6)
③ 繰り返し学習，補充的な学習や発展的な学習などの指導により，基礎力を身につけ，個に応じて発展的な学習まで行える幅広い授業内容の解釈 (7)
④ コンピュータ機器などのICT利用の際の情報モラルの保持 (10)
⑤ 部活動と学習意欲の向上や責任感などとの関連付けや教育課程との関連付け，地域や社会施設などとの連携や運営上の工夫 (13)

逆に，削除された文言に「教材等の精選」（平成10年度の項目番号1の(2)）がある。

このような特徴を十分配慮して，中学校以降の外国語（英語）教育を進めていくことになる。

1.1.2 外国語(英語)科の目標と内容

今回の改訂で外国語教育にかかわる最も顕著な変化は，小学校の第5・6学年に外国語活動が領域として週1時間（年間35時間）導入され，中学校では，授業時間が週3時間（年間105時間）より週4時間（140時間）となり，指導すべき語彙数が900語から1200語（平成元年の改訂時には，週4時間で1000語）になったことである。具体的な文言を見ると，平成10年度の目標にあった「実践的コミュニケーション能力」から「実践的」が削除され，中学校では，「聞くことと話すこと」に重きが置かれていたものが，「聞くこと・話すこと・読むこと・書くことなど」と，いわゆる4領域[2]（あるいは，技能）が総合的に扱われるようになったことに加え，「など」が付けられた。これは，4領域を包括する社会言語学的な知識や，言語によらない

---

[2] 『中学校学習指導要領解説　外国語編』でも，領域と技能という用語を両方使用している。教科内容にかかわる場合には，4領域，コミュニケーション能力の育成にかかわる場合には，技能と使い分けているようであるが，その内容は同じである。本書もこれに従って両者を併用する。

ジェスチャーなどのコミュニケーションの手段が含まれたと考えられる。高等学校では，指導語数が1300語から1800語（したがって，中学校の1200語と合わせると3000語）に増え，4技能を総合的に育成することに加え，「読んだことを伝える」，「聞いたことを書く」などのように，技能を統合させ，より日常の生活を反映した言語活動の充実が求められている。常に，実際のコミュニケーションの場面を念頭に置き授業をすることで，自然に英語を使わなくてはならない状況が生まれる。

　時間数や生徒数など多くの物理的な制約の中で言語学習が行われるため，教師にとって授業を行う際に大切なことは，英語が自然に用いられる言語環境や雰囲気を教室に創り上げることである。その中で，言語活動を通して生徒に技能を総合的，統合的に使わせる活動を工夫することである。しかしながら，できるだけ英語に触れさせたり，使わせたりする環境を創り上げようと常に心がけていなければ，英語で授業を行うことは日本の学習環境では難しいことも事実である。

1.1.3　改訂に伴う授業における言語活動の工夫・充実

　新旧中学校学習指導要領の外国語（英語）科における詳細な文言や内容の比較は平田（2008）に詳しいが，平成20年度改訂の英語の言語活動では，4領域すべてに一項目ずつ増えている点が特徴である。聞くことに関しては，「まとまりのある英語を聞いて，概要や要点を適切に聞き取ること」，話すことでは，「与えられたテーマについて簡単なスピーチをすること」，読むことでは，「話の内容や書き手の意見などに対して感想を述べたり，賛否やその理由を示したりなどすることができるよう，書かれた内容や考え方などをとらえること」，書くことに関しては，「語と語のつながりなどに注意して正しく文を書くこと」という項目が加わっている。また，「聞いたり読んだりしたことについてメモをとったり，感想，賛否やその理由を書いたりなどすること」と「自分の気持ちや考えなどが読み手に正しく伝わるように，文と文のつながりなどに注意して文章を書くこと」と下線部分に一部変更や追加がなされている（下線は筆者による）。

　いずれの領域も，「…を聞き取ること」「…についてスピーチすること」など目ざすゴールがある。教室における言語活動のゴールは，教室外で自然なコミュニケーションが可能となるようにすることであり，そのためには教師

のさまざまな工夫が必要である。英語教育の目的は，英語で自分の思い，考え，気持ちなどを伝える活動を通して，より深く，広く，また，柔軟な発想で物事を考えること（increased cognitive flexibility）ができるようになり，同時に，学習者の心を育むことである（Cook, 2002, p. 334）。歌やゲーム，機械的な口頭練習などの活動だけでは，生徒は単なることばの学習者（language learner）であり，コミュニケーションを可能とすることばの使い手（language user）にはなれないことは明らかである（同書，p. 339）。教室内の言語活動を，いかに生徒にとって身近で役に立つものにできるか[3]，学習した文法事項をどのように言語活動に組み込めるか，生徒が積極的に取り組める活動は何か，などの点を常に意識した活動を工夫することが教師に求められる。

1.2　コミュニケーション能力の総合的・統合的な育成

　教室内で求められる活動は，教室外で英語によるコミュニケーションがより自然に行われるためのシミュレーションである。教室外でのコミュニケーションには，外国人との会話や電子メールでのやり取り，インターネットでの情報検索から，CNNなどのニュース番組の視聴などが含まれる。教師は，あらゆる可能性を考え，限られた時間内で，定められた教科書（教材）を用い，英語教員力[4]（髙島，2005 a）を駆使して授業に臨むことになる。その際に最も大切なことは，すべての活動には目的があり，いずれの活動も何らかの目的のために行っていることを明確にするという意識である。つまり，コミュニケーションへの態度を育みながら[5]，小学校では2年間でコミュニケ

---

[3]　Gatbonton & Segalowitz（1988）は，transfer-appropriate processingを説き，教室で行っている練習と実際の教室外での活動が異なっていれば，教室で行っている活動は役立たないと述べている。これは，ESL環境での主張であり，日本では，言語活動を工夫することで不自然な言語活動にならないようにすることが大切である。
[4]　英語科の教員に求められる力は，学級経営力，授業力，英語力の3つから成り立っている。学級経営力とは，学級集団をまとめる力であり，教師と学習者，学習者同士が認め合い，信頼し合い，支え合う関係を築く力である。授業力とは，教材選択・作成，指導案作成，授業内容の配列・構成，具体的な指導を行う力，フィードバックなどの評価する力であり，授業内容を支える理論的な知識や教養を含むものである。英語力とは，「読む，書く，聞く，話す」の能力を指し，英語を理解したり使用したりできる能力である。詳細は，髙島（2005 a, pp. 101-105参照）。
[5]　小学校学習指導要領の外国語活動，中・高等学校学習指導要領の外国語（英語）科の目標は，校種ごとに段階的になっているが，それらに共通の文言として，「コミュニケーションを図ろうとする態度の育成を図り」がある。小学校では「英語を扱う活動」として，中・高等学校では英語教育として，「態度の育成」は日本の外国語教育を実践する際のバックボーンであることがわかる。

ーション能力の素地，中学校では3年間でコミュニケーション能力の基礎を，さらに，これらを基盤として，高等学校ではコミュニケーション能力の育成に向け，連続的な活動を実践していくことになる。実際の授業では，メッセージの伝達や理解を重視した活動まで進められない場合があり，教師は，各活動が練習や暗記をより重視しているものか，あるいは，メッセージの伝達や理解をより重視しているものかを把握することが大切である。その上で，それぞれの活動の意義や学習の連続性を認識し，学習者の学習状況に応じて活動を行なっていかなくてはならない。

中・高等学校の学習指導要領に「総合的」（中学校）と「統合的」（高等学校）という文言があるが，「総合的なもの」と「統合的なもの」は別々の言語活動を指す並列な言葉ではない。4技能の育成を総合的にバランスよく行い，さらに，発展して，複数の技能を統合的に扱うということである[6]。これは，単にそれぞれの技能を関連付けることが目的ではなく，適切な課題を学習者に与え，その課題を解決する際に様々な技能を統合的に使わざるを得ないような授業内容にすることである。例えば，英語で「スピーチをする」や「ディベート大会に参加する」という課題があれば，そのために，「構想を考えて原稿を作る」「表現を工夫して発表練習をする」など，どのような準備や対策が必要かという見通しを持って活動する必然性が生じてくる。そのような活動を通して，4技能を総合的に育成し，それらを有機的に関連させ，統合的に活用させていくことが重要となるのである。

1.2.1　形式の学習から意味伝達の内容に重きを置いた活動への移行

学習指導要領の領域別の目的が，課題解決を伴う活動であることは前項で述べた。まさに，「人生は課題解決の連続」（Life is a succession of tasks.）である[7]。「課題」は英語では**タスク**（task）であるが，このタスクという用

---

[6] 『中学校学習指導要領』や『解説』では，基本的に，3年間で偏りのないように4領域の時間配分を考えた授業内容にするということで「総合的」という文言が用いられている。これに対して，『高等学校学習指導要領』，並びに，その『解説』では，それぞれの技能による言語活動を単独で行うのではなく，読んだことを書いてまとめたり，聞いたり読んだりしたことを発表するというように複数の技能を関連付けており，より実践的な言語活動に関して「統合的」が用いられている。つまり，校種により段階を付けようとしている。ちなみに，『中学校学習指導要領解説』では，一カ所のみ「4技能を統合的に活用（p. 51）」という文言が使用されている。

[7] 日常的に起こる一つ一つの課題を解決することが「タスク」である（髙島，2009, p. 55）。

語は，本書では，Ellis (2008, pp. 818-819) に従い，外国語教育における言語活動としてやや限定的な意味で用いる。その特徴は4つある。

1．メッセージの伝達が最も大切である。
 (There is a primary focus on meaning (as opposed to form).)
2．情報等の差を活動を通して埋める。
 (There is some kind of gap (information, opinion, or reasoning), which needs to be filled through performance of the task.)
3．学習者自身のことばで活動を行う。
 (Learners need to use their own linguistic resources to perform the task.)
4．コミュニケーションの結果が明確に表れる。
 (There is a clearly defined communicative outcome other than the display of 'correct' language.)

これらは，ESL (English as a Second Language) の環境から生まれてきた定義であるため，この特徴のある言語活動を日本のようなEFL (English as a Foreign Language) 環境で行うためには，学習者がある程度の言語知識を備えている必要がある。また，日本の学校教育では，検定教科書を使用することが義務付けられており，「**タスクを中心としたカリキュラム**」(task-based curriculum) を進めていくことには無理があるが，タスクを発展的な活動として用いる「タスク支援のカリキュラム」(task-supported curriculum) は十分可能であり，目標とすべきである（Ellis, 2003 参照）。

コミュニケーション能力育成のための「コミュニケーションを図る言語活動」の最終ゴールはタスクであり，これは文法指導を意図しないUnfocused Taskと文法指導を意図するFocused Taskに分かれる[8]。外国語教育の最終ゴールは，例えば，海外の空港で飛行機に乗り遅れ，次の便のチケットを取るために交渉するといった実際のタスク (real-world task) が可能となることである (Prabhu, 1987)。このシミュレーションを教室内で行えば，Un-

---

[8] Unfocused，あるいは，Focusedにかかわらず，タスクは，特定の場面設定の中で課題解決がなされるため，学習者は異なっても同一の場面における学習者同士の活動のパフォーマンスを比較評価することが可能となる。例えば，Oxford, et al. (2004) は，ストラテジー使用を含めた学習者のパフォーマンスを比較するために同一のタスクを与えて調査している。

[9] 教室内で行われるタスクは「教育的タスク (pedagogical task)」と呼ばれ，時間的な制約や会話の際の条件などを付けるために実際のタスクとは異なり，一部に不自然さが生じることは避けられない。

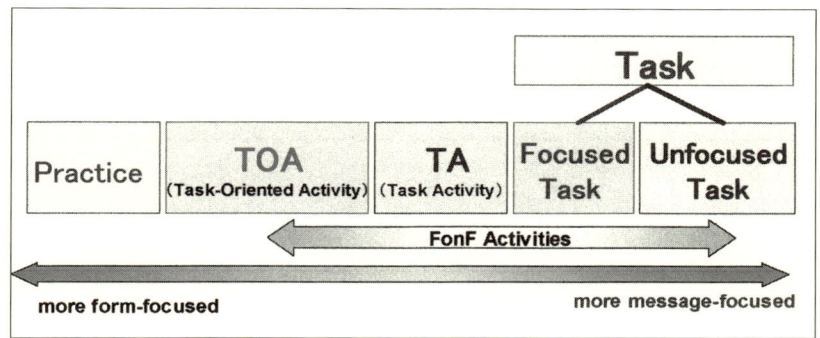

図1　コミュニケーションを図る言語活動（Communicative Activities）の種類

focused Taskとなる[9]。これに対して，Focused Taskは，文法指導を意図したタスクであり，例えば，特定の文法構造（比較級）の定着をねらい，「好きな携帯電話を選ぶ」（髙島，2005 b，pp. 23-24）という課題を解決する活動がある。さらに，特定の文法構造の使用をねらった（したがって，より形式の指導に重きを置いた）活動として，髙島（2000，2005 b）が中・高等学校における言語活動の一つの目標として提案している「**タスク活動（Task Activity, TA）**」と「**タスクを志向した活動（Task-Oriented Activity, TOA）**」がある[10]。これらはいずれも課題解決のためにことばを使用するタスクの特徴を持つ点で繋がっている。

　その前段階として，プラクティス（Practice）という，より言語形式の習得に焦点を置いた活動がある。これは，髙島（2005 b）ではドリルやエクササイズと呼ばれているものであり，音や形式，あるいは，形式とその意味の結びつきの定着を図るものである。第3章ではこのプラクティスの例も提案している。また，本書では，何らかの文法指導を意図した言語活動をまとめて「フォーカス・オン・フォーム活動（Focus on Form Activity，以下，FonF活動）」と呼んでいる。詳細は，次項の1.2.2で述べるが，以上のことをまとめると図1のようになる。

---

[10] TA，TOAなどの発展的でタスク的な活動の具体例は，髙島（2000，2005 b）に詳しい。なお，言語活動の中でも，特に音声を中心とし，コミュニケーションを意図した言語活動であるTOA，TA，Taskを，髙島（2005 b）では「コミュニケーション活動（Communication Activities）」とした。本書では，それらにPracticeを加えた言語活動をまとめて，「コミュニケーションを図る言語活動（Communicative Activities）」と呼んでいる。

1.2.2　EFL環境における文法指導

　学習指導要領で述べられている領域別の「言語活動を有機的に関連付け」て「4技能を統合的に活用させる言語活動」（文部科学省，2008 b, p. 51）の重要性は，タスクが言語活動のゴールであることがわかれば十分理解できる。しかし，タスクを志向した活動（TOA）などのタスク的な活動やタスクが可能となるためには，「言語材料についての知識や理解を深める言語活動」（文部科学省，2008 b, p. 9）を通して基礎的・基本的な内容の定着が図られていることが前提となる。

　では，具体的にどのような授業を指すのであろうか。ESLの言語環境における第二言語習得研究の成果より，以下，参考になると思われるものを4つ挙げる。

① 指導目標とする文法形式に学習者の目を向けさせる。
② どこに誤りがあるのかを明示的に指摘して，学習者に誤りを気づかせる。
③ ②に関連して，誤りを訂正した正しい文を学習者に提示し，誤った文と正しい文との差に気づかせ，学習すべき項目を明示的に示す。
④ 文法指導の内容を言語使用の観点から，より具体的に提示し，認識させる。とりわけ，既習事項との対比を行う。

　これらの解説を言語活動と独立して行えば，**フォーカス・オン・フォームズ**（Focus on Forms：FonFs）と言われるものとなる。これに対して，**フォーカス・オン・フォーム**（Focus on Form：FonF）という考え方（Long, 1991）は，言語活動を通して文法指導を行うというものであり，ある程度の言語知識を持っていたり，言語使用が可能であるESLの学習環境に有効な手法である（詳細は，第2章2.2の項を参照）。

　日本のようなEFL環境では，基礎・基本から発展的な学習や活動へ進行することが最も自然であり，望ましい。このため，Long（1991）の唱えるフォーカス・オン・フォーム（Focus on Form）の考えを参考にし，本書では，「フォーカス・オン・フォーム」アプローチを提案している。まず，フォーカス・オン・フォームズ（FonFs）として検定教科書で扱われている文法項目について文法説明を行った後に，プラクティス，次にタスク活動などのフォーカス・オン・フォーム活動（前項1.2.1の図1参照）を行うことが最も適切であると考える。更に，EFL環境である日本においては，FonF活

動のみでは学習者の理解を確かなものにするには不十分である。そのため、FonF活動の後に、必要に応じて、フォーカス・オン・フォームズ（FonFs）として目標文法項目の文法説明やプラクティスをさらに実施する場合がある。このような活動をすべて含めて「フォーカス・オン・フォーム」アプローチと呼ぶ。図2で示しているサンドイッチは、この「文法説明」「プラクティス」、次に、「FonF活動」、そして、「文法説明（＋プラクティス）」という流れをイメージ化したものである。

　図2中の左側のパンは、文法説明とプラクティスのような、言語形式をより重視した指導を意味する。サンドイッチの中身（具）は、より実際のコミュニケーションに近いFonF活動である。この中身がなければ味気ない活動に留まってしまい、実際に英語を使うことのできるコミュニケーション能力を育てることは難しい。なぜならば、この具がタスクなど課題解決的な言語活動であるからである。課題解決の過程で英語を駆使するFonF活動では、生徒はメッセージに焦点を置きながら実際に英語を用い、また、教師は学習者の文法上の誤りの修正をrecastなどの**フィードバック（feedback）**として与えることになる[11]。そして、FonF活動で生じた誤りを活動後に修正し、

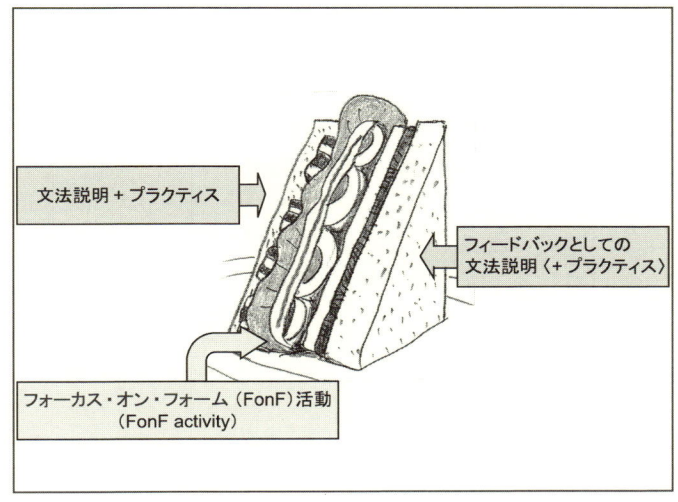

図2　「フォーカス・オン・フォーム」アプローチのイメージ

---

[11]　このrecastを含めた様々なフィードバックについては、「用語の解説」の「feedback（フィードバック）」の項目を参照。

正確かつ適切な文法構造の使用や使い分けが可能となるようにフォーカス・オン・フォームズ（FonFs）として文法説明，必要であればプラクティスを再度行うことになる。先にも述べたが，これらの活動すべてを含めて「フォーカス・オン・フォーム」アプローチと呼ぶことにする。

　本書のタイトルが示す「フォーカス・オン・フォーム」アプローチとは，日本のようなEFL環境におけるインプット，**インターアクション**（interaction）やフィードバックの不十分さを補うために，文法説明とプラクティスでFonF活動を挟み込む，英語学習のための独自のアプローチである。第3章では，8つの文法項目について文法構造の比較という要素を組み込んだ「文法説明（FonFs）＋プラクティス」と「FonF活動」の提案を行う。

1.3　コミュニケーション能力育成のための技能を統合した言語活動
1.3.1　教室における技能統合型の言語活動

　コミュニケーション能力育成のために，なぜ，技能統合型の言語活動が必要なのだろうか。コミュニケーションは，基本的には，何らかの問題や課題があってそれを解決するため，あるいは，情報交換をするために行われている。言いかえれば，日常生活で「何かをする（課題を遂行する）」際には，母語の場合と同様，単一の技能だけで完結することは少ないためである。例えば，「道を尋ねる」場合，相手に話しかけ，そして情報を得るという，「話すこと」と「聞くこと」の2技能が求められる。「インタビューしてまとめる」場合は，友だちに質問し，聞いた内容をまとめることで，「話すこと」「聞くこと」「書くこと」の3技能が要求されることになる。あるいは，「メールのやり取り」というごく日常的な作業も，「読むこと」と「書くこと」の2技能を使って行っている。つまり，教室外で英語によるコミュニケーションを可能にするためには，教師は，単一の技能を使った練習だけを行っていても不十分であり，「聞くこと」「話すこと」「読むこと」「書くこと」の4技能の関連性を考慮した言語活動を実践することが必然的に求められるのである。

　学習指導要領においても，中学校では総合的に技能を育成し，高等学校では統合的な活動を通してコミュニケーション能力の育成を図っていくことが求められている（1.1参照）。学習者は，教室内での技能統合型言語活動を通して，現実場面で行われるコミュニケーションを疑似体験することが必要と

なる。そのための具体的なシミュレーション的言語活動として、タスクが考えられる。タスクに関しては様々な定義（Ellis, 2008 ; Skehan, 1998 ; J. Willis, 1996）があるが、共通して、「与えられた課題に対して、自由な言語表現を用いて目的を達成する課題解決型の活動」と定義できる（詳細は 1.2.1 参照）。本書では、タスクの中でも特に、特定の文法項目の使用をねらったFocused TaskなどのFonF活動を提案している。

　教室で行われるFonF活動として、「聞いて話す」「読んで書く」「話して書く」「読んで話して書く」など、さまざまな活動が考えられる。2技能、3技能、あるいは、4技能すべてが要求される言語活動も少なくない。例えば、環境問題に関してプレゼンテーションを行う場合、インターネットやインタビューなどで情報を収集し、英語で情報をまとめ発表するという4技能すべてが必要とされる。

　本項では、限られた授業時数の中で授業を進めなくてはならない実状を考慮し、日頃の授業に取り入れやすい2つの技能を使った言語活動の例を表1で紹介している。活動は、以下の表1で示しているように6通り（①〜⑥）が考えられる。

1.3.2　言語活動実施の際に配慮する点

　言語活動を計画・実施する際に教師が配慮すべき点として、言語習得の観点よりインプット、アウトプット、インターアクションの3点を挙げる。

　1点目は、インプットの有無である。学習者が、聞いたり読んだりして得た情報（インプット）のうち特定の形式上の特徴に注意を払うことで、それが短期記憶に一時的に保存され、**インテイク**（intake）になる。そして学習者の言語体系[12]の中に取り込まれ、その言語構造を用いて文や文章などを産出（アウトプット）できるようになるとされている（VanPatten, 1996）。このため、インプットは必要不可欠である。

　2点目として、アウトプットの有無である。相手に理解してもらおうと、学習者が英語で何かを産出しようと努力することが、第二言語習得のためには重要である。また、アウトプットにより、学習者の統語処理（syntactic processing）などの認知プロセスを促し、言語の形式的特徴を意識すること

---

[12] 学習者の第二言語学習途上の言語システムを、「中間言語（interlanguage）」と言う。母語と目標言語の間にある言語という意味で、学習者の言語を意味する（Selinker, 1972）。

表1 2つの技能を使った言語活動例

	L	S	R	W	活動の具体例
①	○	○			・インフォメーション・ギャップ (information gap) を利用したロールプレイ（「道を尋ねる」「買物をする」など） ・インタビュー活動 ・タスク活動[13] ・ディベート（事前に原稿を準備する場合は，W & L & S） ・ディスカッション
②		○	○		・読んだ新聞記事（雑誌・ホームページ）の内容を友だちに口頭で伝える活動 ・メールで伝言を頼まれ，その内容を友だちに伝える活動
③			○	○	・外国の友だちからの日本に関する質問メールを読み，返事を書く活動 ・ホームページを作成する活動（実際に作成する前に，いくつかホームページを読み参考にする） ・新聞記事などを読んで，まとめる活動 ・エッセイなどを読んで，感想を書く活動
④	○			○	・電話で伝言を頼まれ，聞き取った内容をまとめる活動（まとめた内容を伝える場合は，W & L & S） ・ディクトグロス (dictogloss)[14]
⑤	○		○		・質問された内容を，テキストを読んで探す活動 ・ニュースを聞いて，インターネットなどでさらなる情報を探して読む活動
⑥		○		○	・スピーチ活動（原稿を作成し，スピーチを行う） ・Show & Tell（原稿を作成し，発表する）

L：Listening　　S：Speaking　　R：Reading　　W：Writing

で，言語使用についての理解が深まるとされている（Swain, 1985, 2005）。そのため，アウトプットの際に，自分の意図が上手く伝わらないことに気づいたり，自分には何ができて何ができないのかなど，目標言語（target language）と現在の自分の言語（interlanguage）との差に気づくことが大切である。活動を通して，形式的特徴とそれがどのような意味や機能を持っているのか，学習者自身が意識的に「気づくこと」は第二言語習得においては欠くことのできない重要な要素とされている（Schmidt, 1990）。

　3点目は，英語でのインターアクションの有無である。これは，英語を使って他の対話者と情報や意見のやり取りなどをする機会があるかどうかであ

---

[13] タスク活動の詳細に関しては，「用語の解説」，および，髙島（2000, 2005b）参照。
[14] Dictoglossの詳細に関しては，「用語の解説」，および，第2章（2.2.5, 2.2.6）参照。なお，Imai（2011）は，言語使用の正確さを一層高める方法として，タスク活動後にdictoglossを行うことの有効性を報告している。

る。相手とのインターアクションでは，互いに意志伝達する過程において，相手に自分の伝えたい事柄が伝わっていないと思われた時には，言い換えたりする。あるいは，相手の発話が不明確であったり，理解できない時には，明確化を求めたり（clarification request），自分の理解していることが正しいのかを確認したり（confirmation check），自分の言ったことが相手に理解されているのかを確かめたりする（comprehension check）。このように，単にインプットやアウトプットだけでは得られないインターアクションで生じる「**意味のやり取り（negotiation of meaning）**」は，第二言語習得にとって重要であるとされている（Ellis, 2008；Gass, 2003）。このため，教室で行われる言語活動では，自然にインターアクションが起こるような学習環境を設定することの必要性を考慮すべきである。実物を見せながらその物について説明するShow & Tellやスピーチなどのようなアウトプット活動後に，内容に関するQ & Aを取り入れればインターアクションが加わることになる。

上記で挙げた3つの視点と技能統合の観点を組み合わせることで，言語活動を特徴づけることができる。表2に，次項1.3.3で紹介する，「読むこと」と「書くこと」の技能統合を図る言語活動の具体例である「一筆啓上」を記載している[15]。表中の○は，各項目の条件が満たされていることを，無記入の場合は満たされていないことを示している。1年間を通して，4技能間のバランスも考慮した言語活動を実践していくためにチェックリストを活用し，○が偏りなく入るように心がけたい。このことにより，学習指導要領の

表2　2つの技能を使った言語活動のチェックリスト

技能＼視点	活動名	インプット	アウトプット	インターアクション
① L & S				
② S & R				
③ R & W	「一筆啓上」	○	○	
④ L & W				
⑤ L & R				
⑥ S & W				

L：Listening　　S：Speaking　　R：Reading　　W：Writing

---

[15] 「一筆啓上」の活動は，タスク活動のように「聞くこと」と「話すこと」が同時に行われるものではなく，「読むこと」の後に「書くこと」を行う活動である。しかし，活動の目的となる「創造的に分詞構文を用いた作品を作る」ためには，「読むこと」の作業を行う必然性があるため，「読むこと」と「書くこと」の技能を統合した活動として紹介している。

となえる4技能を総合的に育成することになる。

　教師が活動を計画・実施する際に忘れてはならない重要なこととして，「学習への意欲・主体性」を高めるために大切な「自己関与」がある。生徒が意欲を持って主体的に学習への取り組みをするためには，基礎的なスキルを養うことが前提となる。併せて，学習者自身が自分の興味や体験などを反映させ，自由に内容を決定することができるような言語活動，例えば，「将来の夢」を語るスピーチや「私の宝物」を伝えるShow & Tellなどのように，自分自身のことを発信することができる活動を計画する視点が大切である。これは，動機を高めることに大きく関連している。英語教育のみならず，教育活動全般において学習者の**動機づけ**（motivation）が重要であるのは言うまでもなく，学習の成功を左右する決定的な要因の一つであるとされている（Dörnyei, 2005, 2009）。

　Dörnyei（2001）は，動機を高める方法の一つに，教材の内容を生徒の日常体験や背景に関連させるという「学習者に関連の深い教材の提示」を挙げている。文法事項の定着を目的とした練習では，与えられたダイアローグや文法構造・語彙などを用いて行うことが多く，生徒が思考し判断するという「意思決定」の機会は十分ではなく，生徒の自己関与は弱いと言える。学習者の自己関与を促し，動機を高める活動として，自分の思いや気持ち，意見などを伝える自己表現活動や，ゴールへの到達を目ざす中で，自分が判断し決定できるような活動を積極的に組み入れたいものである。例えば，「友だちと相談して週末どこに行って何をするのか決める」というFonF活動では，自分の行ってみたい場所やしたいことを反映させた内容となるため，生徒の自己関与は強くなり効果的であると考えられる。少なくとも英語学習において「ことばを使う」とは，何か目的があり，それを遂行するための手段であることから，タスクの考え方を取り入れた指導方法が有効である。

　日本のように，教室外で英語を使う必要性が低いEFL環境の中で，学習者の動機を高め，さらにそれを維持できる活動に求められることは，①学習者自身が認識できる明確な目的・ゴールが設定されていること，②学習者が主体的にかかわることができること，③活動内に自由度があり，その中で個性が反映できることである。これらの特徴は，まさに「与えられた課題に対して，自由な言語表現を用いて目的を達成する課題解決型の活動」というタスクの定義に反映されている。学習者に意欲を持たせ継続させること

が大きな課題であり，そのためにも，学習者の動機を高めることは教師の大切な役割の一つであるといえる（コラム4参照）。

次項1.3.3では，「現在分詞の分詞構文」を目標文法項目とした，「読むこと」と「書くこと」の技能の統合を図ったFonF活動の具体例を紹介する。

1.3.3 技能統合を図る言語活動の具体例（現在分詞の分詞構文）

分詞構文は，接続詞を用いていないため，主節と分詞節との関係を文脈から判断しなくてはならないが，簡潔で勢いのある文体となるため，日常会話というより，文章体で用いられることが多い。

紹介する活動で取り上げている文は，『日本一短い手紙（一筆啓上賞）[16]』の対訳本の中から選んだ作品であり，分詞構文を用いた短く凝縮された表現だからこそ，味わいのある作品となっている。

前項1.3.2の表2で提示している3つの視点の1点目，インプットの有無であるが，全国から選ばれた作品を読んで味わう機会があるため○となる。次に，2点目のアウトプットの視点では，創造的に作品を作り友だちに発信しているので，○となる。最後のインターアクションの有無であるが，英語で友だちとやり取りをする活動ではないので，無記入となる。

活動「一筆啓上」の技能，目的，手順は以下の通りである。

技能 Reading & Writing

目的 分詞構文の持つ意味を考えさせ，創造的に分詞構文を用いた作品を作ることができるようにさせる。

手順
1. シートを配布する。
 テーマ（Love）を参考とし，作品の内容を考えながら作者の意図を読み取らせる（配布シートの Step 1 に対応）。
2. 作品の英文の意味を考え，翻訳家になったつもりで訳させる（配布シートの Step 2 に対応）。
3. ペアの友だちと互いに見せ合い，作品の解釈について意見交換をさせる（配布シートの Step 3 に対応）。（〈資料1〉の利用も可

---

[16] ㈶丸岡町文化振興事業団主催で実施されたコンテストの入賞作品集より作品を引用している。活動，および，〈資料1〉では，1997年度版を，〈資料2〉の作品1は2001年度版，作品2では2003年度版を使用している。

能)
4. 作品に関して，分詞構文の英文と接続詞を用いた場合を比較させる。
（〈資料2〉参照）
5. テーマを各自で自由に決め，分詞構文を用いた手紙を書かせる（配布シートの Step 4 に対応）。
6. ペアの友だちと互いに見せ合い，感想を述べ合うなど意見交換をさせる（配布シートの Step 5 に対応）。

〈配布シート〉

 日本一短い手紙　一筆啓上

★『日本一短い手紙（一筆啓上賞）』の入賞作品集より作品を選んでみました。作品のテーマは「Love」です。手紙はどのような内容であるのかを考えながら読んでみましょう。

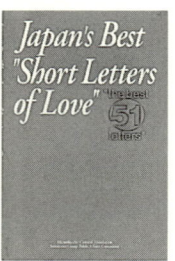

① Step 1 ―作品を読んでみましょう。作者はどのような気持ちで書いたのかを考えながら読みましょう。

手紙の内容：
Running into you like that after ten years,
I'm glad I had on make-up.

Naomi Arai (F. 34)

② Step 2 ― 各自で手紙の（　　　　）の部分を考えてみましょう。

手紙の内容：
Running into you like that after ten years,
I'm glad I had on make-up.
　　　　　　　　　　　　　　　　　　Naomi Arai (F. 34)

10年ぶりに（　　　　　　　　　　　　　　　　　　），
私化粧をしててよかった。
　　　　　　　　　　　　　　　※ run into ～： 偶然出会う

③ Step 3 ― 次に，ペアで作品の解釈について互いに話し合ってみましょう。

④ Step 4 ― 今度，「校内一短い手紙　一筆啓上」コンテストを開催します。あなたも心に残る作品を，作って応募しましょう。その際，簡潔で勢い（リズム）のある作品に仕上げましょう。

⑤ Step 5 ― 友だちと互いに作品を紹介し合いましょう。
そして，より良い作品に仕上げるために，友だちの作品へのコメントを書いてあげましょう。

次の〈資料1〉は，配布シートのStep 3の後で，作品の意味を確認する時の教師用の資料です。コピーして生徒に配布することも可能です。

〈資料1〉
「Love」をテーマとした英文の意味は以下のようになります。作者の気持ちが英文を通して伝わってきますね。

> Running into you like that after ten years,
> I'm glad I had on make-up.
> 10年ぶりに偶然あなたに出会った時，
> 私化粧をしててよかった。

〈資料2〉*1
分詞構文の作品を，接続詞を用いて表現した場合，以下のようになります。分詞構文の英文と接続詞を用いた場合と比較してみましょう*2。

> When I ran into you like that after ten years,
> I'm glad I had on make-up.

〈指導上のヒント〉*3
『日本一短い手紙（一筆啓上賞）』より他の2作品を提示し，分詞構文を用いた英文を作成させ，接続詞を用いた文と比較することもできます。

（作品1）
When I look in the mirror,
I begin to see my mother's and father's faces.

*1 この〈資料2〉は，配布シートのStep 3で作品の意味を確認した後で，接続詞を用いて表現した場合との比較の際に活用する教師用の資料です。〈資料2〉をコピーして生徒に配布することも可能です。分詞構文を用いたオリジナル作品を，接続詞を用いて作成しています。

*2 分詞構文を用いた場合，接続詞を用いた文と比べ，リズムのある簡潔で勢いのある文体となります。

*3 取り上げている接続詞を用いた作品1と2は，入賞作品集の作品を引用しています。作品1のテーマはMyself，作品2のテーマはFeelings

I'm glad.
                    Emiko Yamada (F. 15)

鏡を見ると，
お父さんとお母さんの顔が見えてくる。
私っていいな。

⇩

Looking in the mirror,
I begin to see my mother's and father's faces.
I'm glad.

（作品2）
When I want to cry,
I eat really spicy food.
That way, no one knows my tears.
                    Shirley Hung (F. 21)

私はなきたい時，
とてもからい食物を食べます。
だから，私の涙はだれも知りません。

⇩

Wanting to cry,
I eat really spicy food.
That way, no one knows my tears.

です。オリジナル作品を参考とし，分詞構文を用いた英文をそれぞれ作成しています。

　分詞構文を接続詞whenを用いて表現した場合，〈配布シート〉で取り上げた作品では同じ意味になりますが，作品1と作品2では，意味合いが少し変化します。つまり，〈配布シート〉で提示したrun intoなどの瞬間的な意味を持つ場合（他には，come acrossやstopなど）は，whenを使った文と分詞構文の文は同じ意味になります。作品1のlook in the mirrorや作品2のwant to cry等の日常的な動作・行いを表現する動詞が分詞構文で使われた場合は，「鏡を見るときは（いつも）」や「泣きたいときは（いつも）」という意味合いを含んできます。以上のような情報は，生徒の学習状況に応じて提供するとよいでしょう。

1.4 文法項目と習得の関係

　ここまで，4技能を総合的に扱い，技能の統合を意図して言語活動を工夫・充実することによってコミュニケーション能力を育成する方法について論じてきた。言語活動については，教科書で取り扱われる言語材料（文法項目）を活用しながら，学習者が英語を使う体験を授業内でさせることが大切である。本書では，1.2.2で述べたように，コミュニケーションをする中で文法に学習者の意識を向けさせる言語活動を「FonF活動」と位置づけ，この活動の前に文法説明を行い，活動後には定着のためさらに文法に関わる説明や練習を行う「フォーカス・オン・フォーム」アプローチを提案している。しかし，すべての文法項目に関してこのアプローチでの指導が適切であるわけではない。文法項目には，比較的早い時期に習得されるものと，時間がかかるもの・段階を踏んで習得が進むものがあることはよく知られている（Pienemann, 1998, 2005）。学習者が使用するときに困難を感じる文法項目に関して，このアプローチで指導することが効率的であると思われる。

　そこでこの項では，日本人の学習者にとって習得が困難とされる文法項目について，学習者の母語である日本語の影響について考察し，次に平成15年度から平成18年度にかけて筆者らが中学生を対象に行った英語の語順にかかわる文構造の習得状況の調査結果を見ていく。また，本書で提案する文法説明の際の重要な概念である，文法構造の**認知比較**（cognitive comparison）について取り上げる[17]。

1.4.1　習得が困難な文法項目と母語の影響

　習得が困難な外国語の文法項目に関しては，母語の影響がその要因のひとつとして考えられる。第二言語習得における母語の影響は，**言語転移**（language transfer，あるいは，cross-linguistic influence）と呼ばれる。1920年代から1950年代にかけて盛んであった，**行動主義心理学**（behavioral psychology）に影響を受けた言語学習観に基づく対照言語分析仮説（contrastive analysis hypothesis）では，母語にはない言語的特徴を，第二言語において習得しようとする場合にその困難さは増し，学習者による誤り

---

[17]　タスク活動（Task Activity，髙島，2000，2005b）の条件のひとつにある，文法構造の比較（comparison of structures）は，このcognitive comparisonにヒントを得ている。

は母語の干渉（interference）が原因であるとされた。

しかし，1960年代後半になると，Chomskyによる**変形生成文法**（transformational generative grammar）の台頭により，学習者の誤りに対する捉え方は大きな影響を受けた。つまり，それまでのように誤りは避けるべきものであるとする考え方から，むしろ，言語習得上の誤りは自然なものであり，学習者が習得の過程にあることを示すものであるとする考え方（Corder, 1967）に転換したのである。

現在では，第二言語習得における母語の影響は，唯一最大の要因であるとは考えられてはいないが，母語の影響を示す具体例は存在する。どのような文法形式が学習者にとって習得困難であるのかについては，母語の影響の観点からみると，次のような場合が考えられる。

(1) 文法形式が学習者の母語に存在しない場合
(2) 文法形式が学習者の母語にも存在するが使われ方が異なる場合
(3) 文法形式と意味の対応が複数である場合

ここでは，日本語を母語とする学習者が英語を学ぶ場合について順に考察する（その他の事例に関しては，コラム1を参照）。

(1) 文法形式が学習者の母語に存在しない場合

母語である日本語に存在しない概念は適用されない場合が多い。例えば，不定冠詞のa/anや複数形の-sなどは，使用しなくともコミュニケーションを行うには支障がない文法項目であり，ライティングのように見直す機会がなく，時間的制約のもとに英語を使用しなくてはならないスピーキングでは特にこの欠落傾向が顕著になる。

しかし，上記の不定冠詞のa/anや複数形の-sは，同程度に習得困難であるわけではない。複数形の-sは，例外はあるにせよ「複数形の名詞には-sをつける」という，単純な1対1の文法規則である。一方，不定冠詞のa/anは，定冠詞theとの使い分けができなければならず，また，不定冠詞も定冠詞も適応すべき規則が多岐にわたる。日本人英語学習者が英語の冠詞を習得することが困難であることは，第二言語習得研究の分野でも繰り返し述べられている（例えば，Ellis, et al., 2008）。文法規則そのものが単純であるか複雑であるかが同時に大きな要因となる。

(2) **文法形式が学習者の母語にも存在するが使われ方が異なる場合**

　名詞を修飾する場合，形容詞によるものは原則，日本語も英語も名詞の前に置かれるが，動詞の現在分詞や過去分詞，前置詞句，関係代名詞によるものは英語では後置である。中学校外国語（英語）科の検定教科書では，前置詞句（下線部）による後置修飾は「文法事項」として取り上げられていないため，1年時から，本文中に，I'm a member of the computer club. This is a picture of Sports Day. Do you know that woman with short hair? I called my family in Canada.など様々なものが出ているが[18]，特化して練習していない可能性がある。

　筆者らの調査（詳細は次項1.4.2）では，名詞の前置詞句による後置修飾は，最も習得が困難な文法項目であった。調査は3年間の継続研究であったが，この項目は，1年経っても習得状況は6割以下であり，特に並べ替え形式の問題では半数以下の正答率に留まった。

　同調査で，次に習得が困難であると見られたものは，SVOOの文型であった。I gave my cat some milk.という文では，my catとmilkの語順が逆になる傾向が見られた。これも，学習者の母語にも存在するが使われ方が異なる場合である。日本語では，「〜に」「〜を」という助詞に注意をすれば2つの目的語は場所が入れ替わってもよいが，英語では語順が逆になると意味が変わってしまい，文法上もSVOの文となり，toやforなどの前置詞が無くては非文となってしまう。学習者は，日本語の文法を適用し誤答を繰り返す傾向にあった。

(3) **文法形式と意味の対応が複数である場合**

　現在完了形の文のように「have/has＋動詞の過去分詞」という形式は同じでも「継続」「完了・結果」「経験」のように複数の意味を持つものは，文脈によって様々な意味を同一の文法形式を使って表現することになり，1対1の規則の文法項目よりも使用にあたって複雑さが増す。

---

[18]　平成14年度版の *New Horizon English Course 1*（東京書籍）における例である。第1章1.4.2で言及する調査が，平成15年から平成18年にかけて行われ，研究協力学校が *New Horizon English Course* を使用していたため，この版から引用した。同教科書では，平成18年度版においても，I'm a member of the computer club.がI'm a member of the lacrosse club.に変っているだけで，他は同一の文が使われている。ただし，*New Horizon English Course 3*（p. 64）の「まとめと練習」には前置詞による後置修飾が取り上げられている。

また，母語では言語形式が1つであるのに対し，英語では複数の表現が可能である場合は，場面に応じて形式を比較選択しなくてはならず，正しく使うことがより困難になると考えられる。例えば，英語では I finished my homework. という過去形の文と I've finished my homework. という現在完了形の文とでは，発話者の視点や意図には違いがある（髙島，2000参照）が，日本語にすると，どちらも「私は宿題を終らせた」となってしまう。各文法構造の持つ意味の違いを学習者が知り，使い分けることができない限り，正確かつ適切に文法事項を理解したとは言えないのである。

さらに，現在形と未来表現も，日本語では「毎日」「明日」のように副詞を使うことで動詞の形を変える必要がないため，英語にする際，*I buy a new T-shirt tomorrow. と，未来表現にするべきところを現在形にしてしまうことが多い。

1.4.2 中学生の英語の語順の習得状況調査結果

平成15年度から平成18年度にかけて，公立中学校の生徒367名を対象に，英語の語順にかかわる文構造の習得状況について調査を行った[19]。中学校3年間で取り扱われる言語材料のうち，語順を誤ると文の理解に大きな影響を与えると考えられる12の文法項目を選定し，その習得状況を3年間にわたり追跡調査したものである。調査対象とした12の文法項目は，① be動詞肯定文 ② be動詞疑問文 ③ be動詞否定文 ④ 一般動詞肯定文 ⑤ 一般動詞疑問文 ⑥ 一般動詞否定文 ⑦ 疑問詞（主語）who ⑧ 助動詞 can ⑨ SVOC（C＝名詞）⑩ SVOO ⑪ 前置詞句による名詞の後置修飾 ⑫ 不定詞（形容詞的用法）である。調査では，語の並べ替え問題と，文法的に正しい英文を選択させる問題の2種類を用いた。

詳細は髙島，他（2007）に譲るが，顕著な特徴は次の4点であった。

1．be動詞の文は，誤答傾向を見ると This is .... の形式をチャンクとして覚えている生徒が多いことが窺われ，This book is about .... との

---

[19] 科学研究費補助金を得て調査（基盤研究(B)(1)課題番号15330189）を実施した。東京都，福島県，高知県の計6中学校の調査協力で，毎年2回，1,000人を超えるデータを収集・分析したが，3年間で6回すべての調査に参加した生徒の数は367名となった。詳細は，髙島，他（2007）を参照。

区別や理解は第3学年になっても満足のいく状況であるとは言えない。
2．be動詞の文は，否定文の産出（並べ替え）が語順の認識（正しい文の選択）に比べて遅れ，第3学年で約8割の習得率に達する。
3．SVOOの構造を持つ，I gave a cat some milk.という文では，a catとsome milkの語順が逆になる傾向が見られた。
4．日本語にはない後置修飾（the man on the right）は，1年経っても習得状況は6割以下であり，並べ替え問題では半数以下の正答率に留まっている。大切な要素を先に伝えるという英語の語順の習得は日本人の学習者にとって困難であることがわかる。

上記のような状況を改善するには，学習者が，EFL環境にいることを考慮に入れる必要がある[20]。つまり，教室以外での英語のインプットは通常あまり得られず，インターアクションやアウトプットの機会も十分にない英語を習得するには不利な環境下では，教室におけるインプット・インターアクション・アウトプットが習得を促進するために十分な質と量となるような工夫が求められるということである。

また，この調査が対象とした12の「誤ると理解に影響する英語の語順」にかかわる文法項目について，構造によっては教科書で焦点化されて扱われていなかったり（例えば，be動詞＋前置詞），教科書の本文中では中学校3年間で数回しか出てこなかったり（例えば，SVOC（C＝名詞）），本文中では全くでてこないもの（例えば，疑問詞whoが主語で一般動詞が続く疑問文）がある。教師は，この事実を認識し，教科書以外の教材や言語活動などで補う必要があるとしている。

この調査では，文法問題として2種類の問題を使用した。語を並べ替えることで文の産出力を調べた問題Aと，正しい英文を選ぶことで文法判断力を調べた問題Bでは，問題Aの方が数値が低く，習得率が8割に達するまでにより長い時間がかかる構造が見られた。これは，語順の認識は早く発達しても，産出するまでには時間がかかったり，3年間で産出できるまでには至ら

---

[20] Tomlinson (2005) は，日本のようなEFL環境での学習者は，動機づけに関して，英語の必要性の低さから不利な状況にあるとしている。しかし，習得の速さと最終的な熟達度には影響があっても，言語の習得のメカニズム自体は，EFL環境でもESL環境でも同じであるという主張もある (VanPatten & Benati, 2010)。

ない構造があることを示唆している。教師は，その構造を使用することが自然であるような言語活動を授業に取り入れ，学習者に十分に時間をかけて取り組ませるなどして，実際にその構造を使用する中で，日本語の語順に惑わされることなく，正しい使い方ができるようになるような指導をしていく必要があることが明らかになった。

1.4.3 語順の習得

　語順は，意味の理解に重要な影響を及ぼす文法構造である。SVO（主語―動詞―目的語）語順の英語を母語とする学習者は，SOV（主語―目的語―動詞）語順の日本語の文を理解する際，文頭に来た語を主語と考えるなど，語順によって文の動作主を判断するとされている（Harrington, 1987）。また，英語を母語とする学習者が日本語を学習する際，初級者ほど日本語の助詞（が，は，を）よりも提示された文の語順に影響を受け，文頭に来た語を主語，文中に来た語を目的語として捉える傾向があるという実験結果も報告されている（Sasaki, 1997）。

　一方，英語の基本語順は，進行形の**形態素**（morpheme）などよりも早く習得されるとされており（Dulay & Burt, 1974；Krashen, 1983），さらにRutherford（1983）は，日本人の英作文を分析し，SOVとSVOという構造上の大きな相違にもかかわらず，動詞の位置に関しては日本語からの転移は見られないとしている。

　しかしながら，平成13年度の日本人中学生を対象にした全国規模の調査（国立教育政策研究所　教育課程センター，2003）では，I must make it shorter. やLet's ask my brother to help us.といった文の並べ替え問題の正答率は40％を下回り，動詞の位置以外の語順の習得はできていないことが報告されている。また，髙島，他（2007）でも，SVOのみの単純な構造の場合は正答率が高いが，副詞句が入ると，*Do you at school study Japanese?の選択肢を選ぶなどして正答率は低下している。さらに，SVOO, SVOC, などの構造は，正答率が60％程度に留まり，中学校第2学年から第3学年へと学年が進行してもその習得状況に変化は見られなかった。前置詞句による名詞の後置修飾は，さらに正答率が低く，上記の調査のパイロット調査におけるスピーキングテストでは，例えば，Tom is the man in front of the salad.とするべきところを*In front of salad man is Tom.とするなどの，日本語の語順の影

響であると考えられる発話が観察されている。

1.4.4 文法構造の認知比較

　第3章で扱う文法項目は，上記の調査で習得状況が十分ではないと考えられるものを基本としている。したがって，現在分詞・過去分詞による後置修飾や関係代名詞やSVOOの文など，語順にかかわるものが多い。その他の項目は，使い分けが困難であると思われるものを選択している。いずれの項目も，対比させる文法項目を共に扱っていることが特徴である。髙島（2000，2005b）の文法説明やタスク・タスク活動において設定している対比文法項目は，第二言語習得研究の分野では認知比較（cognitive comparison）と呼ばれるものに関連する。

　言語を使用するとき，学習者は自分の知識から，伝えようとする内容を表現できる言語形式を選択する。さらに，アウトプットを行ったとき，自分が使った言語形式が正しかったのかどうか，自分の伝えようとする内容が十分に伝わったのかどうかを，コミュニケーションの相手とやり取りを行う中で判断することになる。このとき学習者が認知的なプロセスとして行っているのが，認知比較である。うまくコミュニケーションを図れない場合に，自分が使用した文法形式と，例えば相手が言い換えてくれた正しい形式とを比較することにより，学習者の中間言語（interlanguage）が再構成されて，言語習得の促進に結びつくとされる。Swain（1985, 1995, 2005）は，言語をアウトプットさせることには，このような認知比較を引き起こす（noticing/triggering）機能があるとしている。

　また，Nelson（1981）は，既習の文法構造と関連した未知の項目がインプット中に含まれる場合に，認知比較が起こるとしている。そこで，第3章の具体例では，「SVOとSVOO」「過去形と過去完了形」のように，目標文法項目と関連する既習の文法項目を対比文法項目として設定して，文法説明と活動を作成している。アウトプットの中だけでなく，学習者が文法構造を理解する段階でも，比較して使い分けをする中で認知比較が起こるように，混同しやすいものを対比させているのである。数ある文法形式のうち，自分が伝えようとする内容を正確かつ適切に表現するものを選択できることが，真の意味でその言語が使えるということである。しかし，教室で行う言語活動の場合，2つの文法項目に絞って対比・選択をさせることで，学習者の意識

が目標文法項目により向きやすくなるように工夫している。また，それぞれの文法項目の特徴を理解しておかなければ，適切に選択して使用することはできないため，文法説明においてもそれぞれの特徴が際立つようにしているのである。

〈コラム1〉 様々な国の学習者には何が難しい？
― 母語が外国語の学習に及ぼす影響 ―

　外国語を教えていると，母語やその文化・慣習が学習者に及ぼす影響を感じることがよくある。日本人英語学習者の場合，所有格の-'sは日本語の「〜の」に対応しており比較的容易だが，英語の冠詞に完全に対応する表現が日本語にはなく，中・上級学習者であっても冠詞を正確に使いこなすことは難しい。学習者が既に持っている言語・文化に関する知識と第二言語・文化との相違・類似性が言語習得・使用に及ぼす影響は，言語転移（language transfer, cross-linguistic influence）と呼ばれ，多くの研究が行われている（Jarvis & Pavlenko, 2008；Odlin, 1989）。古くは，学習者が犯す誤り（errors）の分析（Corder, 1983）から，最近では脳科学的研究（Jeong, et al., 2007）まで，その手法や研究対象は多岐に渡っている。

　第一に，英語の基本語順と関係代名詞の習得について見てみる。厳格なSVOという基本語順を持つ英語に対して，語順が柔軟な日本語や中国語，韓国語などでは，トピック・コメント構造のような談話の流れが語順の決定要因となる。例えば，これらの言語を母語に持つ学習者は"... diploma my son high school get ..."「トピック＝学位，コメント＝息子が高校で取得する」のようにトピックを文の主語の位置に置いてしまう誤りが見られるという（Givón, 2010）。こうした文構造の類似性が学習者の言語処理プロセスに与える影響は脳科学研究でも示されている。Jeong, et al. (2007) はfMRIを用いた実験で，韓国語母語話者の脳内では文構造の似ている日本語は効率的に処理され，文構造の異なる英語は複雑に処理されると報告している。また，関係代名詞の習得・使用に関しても母語の影響があると考えられている。前置修飾である日本語や中国語母語話者の発話では，英語と同じ後置修飾の言語（ペルシャ語やアラビア語）を母語とする学習者と比べて，関係代名詞の出現頻度が低くなる傾向が見られる。一方で，ペルシャ語やアラビア語が母語の学習者にも母語の影響と思われる誤り（例えば，activities which *they* are hard）が観察された（Schachter, 1974）。

　次に，様々な母語を持つ学習者の英語産出データを集積した**学習者コーパス**（learner corpus）を用いた研究を紹介する。Aijmer (2002) は，スウェーデン語を母語とする上級英語学習者のエッセイ・コーパス（ICLE-Swedish）と英語コーパス（Louvain Corpus of Native English Essays）での法助動詞（will

やmightなど）の使用頻度を比較し，スウェーデン語学習者は，英語法助動詞を過剰に使用する傾向にあるという，母語の影響を示唆している。

　第三に，母語の使用を通して形成される概念やものの見方が第二言語の使用や学習に与える影響（conceptual transfer）についての研究がある。例えば，時間の概念（時制と相）に関して，話し言葉で単純過去の事柄を「avoir/être＋動詞の過去分詞形」という形で表すフランス語を母語とする英語学習者には，英語を話す際に母語における時間的概念の影響だと考えられる完了相の過剰使用（例えば，has run）が見られた（Collins, 2002）。

　また，母語とその文化により形成されることばの使われ方や機能など（**語用論**（pragmatics）と呼ばれる）に関する知識が，第二言語の使用・習得に影響を与えること（pragmatic transfer）も忘れてはならない。例えば，謝罪という**発話行為**（speech act）に関するCohen & Olshtain (1981) の研究では，謝罪行為の頻度は，①英語母語話者，②ロシア語母語話者，③ヘブライ語母語話者で，①＞②＞③の順になった。つまり，母語やその文化によって，謝罪という行為の持つ意味や重要性が異なるのである。こうした言語の語用論的知識・内容に対する学習者の意識は学習環境の違い（ESL vs. EFL）によって異なるため（Schauer, 2006），教室外で言語を使用する場面の少ないEFL環境では形式的な側面だけでなく，語用論的側面についても明示的に指導していく必要がある。

　以上，言語転移に関する研究成果を概観したが，学習者の発話や行為には，母語から第二言語への影響以外にも様々な個人差要因や，学習者の持つ言語知識同士の影響などがかかわっているため，すべてが母語の影響であるとは言えない（Jarvis & Pavlenko, 2008）。しかしながら，学習者の母語とその文化が外国語学習プロセスに重要な役割を果たしていることは間違いない。Ringbom (2007) が，「外国語学習は既存の知識との類似性を探すところから始まる」（p. 1）と述べているように，日本語と英語との類似性も差異と同様に指導のヒントになる。さらに，言語転移は文法や音声などの形式的な側面だけにとどまらず，コミュニケーション能力の育成をめざす上で重要となる語用論的な側面に関しても生じることを認識する必要がある。形式的・語用論的知識の両方を育成するためには，実際の場面を想定して相手や場面を意識しながらことばを練習し，使う経験が重要であり，日本のようなEFL環境において，こうした経験をFonF活動，それに伴う文法説明やフィードバックで補う「フォーカス・オン・フォーム」アプローチには大きな意義がある。

〈コラム2〉 中学校外国語(英語)科と小学校外国語活動の連携

　小学校外国語活動と中学校外国語（英語）科は，コミュニケーションへの積極的なかかわりを持たせるという点では共通である。このため，小学校と中学校の連携は不可欠である。連携には，①知ること（お互いの授業内容を知ること），②共有すること（交換会を持ち，課題を共有すること），③創造すること（連携カリキュラムを構築すること）の3つの段階が考えられる。以下，それぞれの段階の例を挙げる。

　①の具体例として，小学校から中学校へは，どのようなテーマで，何をいかなる方法で学習し，どのような表現に慣れ親しんだかわかるように一覧表（表1）にまとめて公開することである。こうすることで，中学校の教師は，生徒の体験を考慮し，テーマや表現の提示や練習方法など工夫することができる。ここでは，第5学年の絵本型プロジェクト（project）「2年生に*From Head to Toe*のお話を聞かせてあげよう」を例に，扱われた表現や語彙と指導上の留意点を示している。

表1　外国語活動（絵本型プロジェクト）の言語材料と指導・支援上の留意点(例)

学年	使用絵本 プロジェクト名	主な表現・語彙など	指導上の留意点
5	*From Head to Toe* 2年生に*From Head to Toe*のお話を聞かせてあげよう	《モデルとなる表現》 A：Can you ～? B：Yes, I can. / No, I can't. 《動物と人物に関する語彙》 penguin, giraffe, buffalo, monkey, seal, gorilla, cat, crocodile, camel, donkey, elephant, I 《体の部位に関する語彙》 head, neck, shoulders, hands, knees, eyes, ears, mouth, nose 《動作に関する語彙》 turn my (your) head, bend my (your) neck, raise my (your) shoulders, clap my (your) hands, bend my (your) knees, swim, jump, fly, dance	・動作を入れながら，やり取りを楽しませる。 ・penguin, monkey, gorillaなどが日本語の発音と異なることに注意を向けさせる。 ・複数形の発音，'th'の発音に注意させる。

　②の具体例として，小中の教師が直接話し合うことである。これは，各小・中学校で行うことであるが，個々の学校が連絡を取り合って実施することは時間的，運営的に難しい。そこで，市区町村教育委員会が年間の回数や時期を決定し，内容や小学校で作成する一覧表を例示するなど企画・運営することが望ましい。例えば，N市では，2009年度から，市立小・中・高等学校の外国語活動担当者，外国語（英語）科教員が一同に会して行う研修が年2回開催され

ている。ここでは，中学校区で集まり（1つの中学校の外国語（英語）科教師とそこへ進学する小学校外国語活動担当教師がグループとなる），カリキュラムや授業内容，児童・生徒の様子などを交流し合っている。全市的に日程が決められているため，連携の時間が保障され，小中高の教師が情報を共有する場となっている。

③の具体例として，小中連携が進んだ段階として小中連続で行う単元（プロジェクト）を開発することである。表2は単元（プロジェクト）の構想と目標（試案）である。

表2 小中連携を考慮したプロジェクトの単元構想と目標

単元（プロジェクト）名：Picture Dictionaryを作ろう		
対象学年	小学校 第6学年《第5学年でも可能》	中学校 第2学年以上
単元構想	アルファベットを使ったことばを見つけよう！　　　　　（4時間） ① ローマ字を復習しよう　　（1時間） ② このことば，英語？日本語？（2時間） ③ 辞典作りを教えてもらおう（1時間）	6年生にPicture Dictionaryをプレゼントしよう（4時間） ① 辞典を作ろう　　　　　（3時間） ② 5年生に辞典をプレゼントして辞典作りを教えよう　（1時間）
目　標	・日常生活の中から意欲的にアルファベットを見つけることを通して，英語の文字に興味を持つ。 ・日本語（ローマ字）と英語の違いに気づき，ローマ字で書かれたことば，英語のことばなどに分類することができる。 ・アルファベットがだいたいわかる。 ・見つけたアルファベットを使ったことばを分類する際に，自分の意見を言ったり，友達の意見を聞いたりすることができる。	・辞典作りを教えることを通して，小学生と意欲的に英語でやりとりをしようとする。 ・辞典に取り上げた語彙と基本的な一般動詞やbe動詞を使って表現できる。 ・日常生活の中から集めたアルファベットを使ったことばを整理したり，調べたりすることを通して，言語に対する理解を深める。 ・辞典作りを通して，語彙を増やす。

ここでは，最終的に中学校第2学年の生徒が小学生に完成したPicture Dictionaryをプレゼントする中で，作り方のコツや出てくることばの発音・意味などを教える「直接交流」をする。この交流が，小学生と中学生が共に英語を使ってコミュニケーションを図る場となる。外国語活動と外国語（英語）科の連携は，使用した言語材料（語彙や文法構造）の接続を考えるのではなく，小・中学校の学習指導要領に共通の目標である「積極的にコミュニケーションを図る態度の育成」に繋がる課題解決的な学習や創造的な思考などを両校種で体験させていくことである。小学校外国語活動では，発達段階から考えて体験を重視した活動が多い。小学校で課題解決的・創造的な活動や思考を伴う活動を体験したことが，中学校においても小中連携を考えた単元を実施することで生かされ，課題解決的な言語活動へと繋がると考えられる。このことは，新学習指導要領で小・中学校で共通する「思考力・判断力・表現力の育成」，つまり，思考・判断を伴う表現力を育成することにもなる。

第2章　フォーカス・オン・フォーム（FonF）に基づく文法指導

　前章では，日本の英語教育の方向性を『学習指導要領』をもとに見極め，コミュニケーション能力の（基礎の）伸長には，形式に焦点を当てたものから意味・内容の伝達に重きを置く様々な言語活動を学習者に経験させる必要があることを述べた。また，日本人の学習者にとって習得が困難とされる文法項目について，学習者の母語である日本語の影響の観点から，平成15年度から平成18年度にかけて筆者らが行った，英語の語順にかかわる文構造の習得状況の調査結果を概観した。

　本章では，Presentation — Practice — Production（以下，PPP）の段階を踏むモデルによる授業が主流である日本の英語の授業において，Presentation 段階の文法説明をどのようなものにすれば，学習者が文法説明で得た知識を活用することができるようになるのか，また，どのようなPracticeが必要であるのか，さらに，Production 段階で取り入れる言語活動にはどのようなものがあるのかを具体例を挙げながら提案する。

2.1　技能統合型の言語活動につながる文法説明

　文法項目を学習するにあたっては，単に知識として学ぶだけでなく，プラクティスを十分に行い，最終的には技能を統合した言語活動においても，使いこなすことができる力を育成することが目標となる。学習した文法項目の使い方を理解することなしに繰り返しプラクティスを行っても，その場に限定された機械的な練習に終わり，実際に運用する場面で自らの意思を伝えたり，相手が伝えようとすることを理解することは難しい。技能統合型の言語活動の中で，より正確かつ適切な言語使用を促し，さらには教室外でのコミ

ュニケーションを可能とするために，本節では文法説明のあり方を「内容」「方法」「タイミング」の3つの観点から考える。

最初に，「受け身（受動態）と能動態」を例に取り上げ，その文法説明のあり方を生徒と教師のやり取りにコメントを加えながら示す。次に，「受け身と能動態」の文法説明を，2.1.1の具体例の後，2.1.2～2.1.4で「内容」「方法」「タイミング」の3つの観点から順に議論していく。

2.1.1 「受け身（受動態）と能動態」の文法説明の具体例

> 説明のポイント
> ・何が話題の中心になっているかによって，主語が変わること（態を変える必要があること）を確認する。ここではスポットライトのイメージを用いて，何が主語になっているのかを考えさせ，英語の受け身が使用される場合について理解を深めさせる。

〈説明の具体例〉： T 教師，S 生徒

T：（ゴッホの似顔絵のイラストAを貼る）　これは，誰でしょう。[*1]

S：ゴッホです。

T：ゴッホは何をした人ですか？
　　（イラストBを貼る）[*2]

[*1] 英語の授業は，英語で進めることが大切です。ただ，文法説明では，言語形式と意味に加えて，どのように使用されるのかということを生徒に理解させることが必要となります。このため，日本語を用いた方が効果的な場合には日本語で説明するとよいでしょう。

[*2] 話題の中心となっているものにスポットライトをあてることで主語になるものを示します。スポットライトのイメージをプラクティスでも使用し，文法説明で理解したことをプラクティスで確認すると効果的です（第2章2.2.3参照）。

S：ひまわりの絵を描いた人です。
T：そうですね。(イラストCを黒板に貼る)こんな絵ですね。

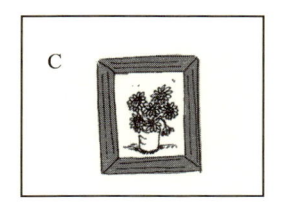

それでは，Bのイラストを見て，英語で文を作ってみてください。スポットライトはゴッホに当たっています。
S：Gogh painted the picture.
T：そのとおりです。スポットライトが当たっているゴッホが主役ですね。
(Bのイラストの下にVan Gogh painted the picture.と板書する)
では，この場合はどうなりますか。(黒板にイラストDを貼る)

S：The picture ...
T：The picture was painted by Van Gogh.
(Dのイラストの下にThe picture was painted by Van Gogh.と板書する)
T：Van Gogh painted the picture.とThe picture was painted by Van Gogh.では，どんな違いがありますか？[*3]
S：スポットライトが当たっているものが違う。

*3 教師がすべてを説明するのではなく，生徒に問いかけることで，生徒自身に考えさせる機会を作ります。

S：主語が違う。
S：painted が was paintedになっている。
T：そうですね。英語では、「描かれた」という場合，was paintedと言うのですね。
（The picture **was painted** by Van Gogh.の下に「描かれた」「be動詞＋動詞の過去分詞」と板書する）

2.1.2　文法説明の内容：言語形式，意味，言語使用

　文法項目を実際の運用場面で使用するためには，その項目の言語形式と意味の結びつきに加え，どのような場合にその文法項目が使用されるのかということを理解していることが必要である。Larsen-Freeman（2001）は，文法を指導する際に，言語形式（form），意味（meaning），どのような場面で使用されるのかという言語使用（use）の3つの視点から指導すべきであると論じている（詳細は，髙島，2000参照）。例えば，前項2.1.1の受け身の説明の例では，言語形式は「be動詞＋動詞の過去分詞」，意味は「（主語が）〜される」と説明できる。また，言語使用は「行為者（agent）が不明な場合，または，明記する必要性が低い場合（例えば，The bank was robbed yesterday. や Pineapples are grown in Hawaii.），行為を受ける人あるいは事柄（nonagent）が行為者よりも，当該の文（文章）の主題により関係している場合」などと説明することができる（詳細は，Celce-Murcia & Larsen-Freeman, 1999）。文法説明においては，これら3つの視点を生徒に理解させることが必要である。

　受け身の文の説明の1つの方法として，能動態の文，Van Gogh painted the picture.と，受け身の文，The picture was painted by Van Gogh.との書き換えを示すことがある。このような書き換えでは，英語ではbe動詞（was）＋動詞の過去分詞（painted）という言語形式で受け身を表すと説明することが可能である。ただ，書き換えのみでは言語形式を生徒に理解させることはできても，受け身の意味やどのような場面で使用されるのかということについて理解させることは難しい。形式は，話し手（書き手）が表現する事柄をどのようにとらえるかによって選択されているのであり，形式が異なればその意味も異なるため，書き換えで対応する2つの表現は必ずしも相互に置き換えが可能とはならないからである（池上，2006）。

では，意味を把握させるためには，どのような方法があるだろうか。例えば，言語形式と意味を結びつける方法として，「〈ゴッホ<u>は（が）</u>絵<u>を</u><u>描いた</u>。〉という場合は，Van Gogh painted the picture. と言います。〈絵<u>は（が）</u> ゴッホ <u>によって</u> <u>描かれた</u>。〉という場合は，The picture was painted by Van Gogh. のようにwas paintedと言うのですね。」と，日本語と対比させながら説明することが考えられる。

あるいは，以下に示すように絵と画家のイラストなどを示し，「描いた」のか「描かれた」のかを考えさせることで，「受け身」と「能動態」の違いを理解させることができる。

◆言語形式と意味を結びつけるための説明

```
  イラストをヒントに，（   ）内の語句を使って英文を完成させましょう。
  最初の語句だけ与えられています。
  1.  [画像] [画像]  (painted, the picture)
      Van Gogh _____.
  2.  [画像] [画像]  (written, Shakespeare)
      Hamlet _____.
```

ここまでは，言語形式と意味の繋がりについて述べてきたが，次に，いつ受け身の文を使用すればよいかという「言語使用」を理解させるための説明について検討する。受け身の文では言語形式や意味と比較して，言語使用を理解することが，英語学習者にとっては難しいとされており（Celce-Murcia & Larsen-Freeman, 1999），どのように説明するか工夫が必要である。2.1.1 で示した具体例では，イラスト上で話題の中心となっている物や人物にスポットライトを当てることによって，視覚的なイメージで理解させようと試みている。

別の方法としては，具体的な場面において，2つ以上の言語形式の中でどの言語形式を使用することが適切であるかを生徒に考えさせる方法がある(Larsen-Freeman, 2001)。例えば，次の説明1のように英文を示し，この場面で使用するのであれば，受け身の文と能動態の文のどちらがより適切かを考えさせるのである。この場合，テキストの主題は「絵」であるので，受け身の文が適切である。生徒に，なぜ一方の言語形式がより適切であるのかを考えさせることが大切である。

◆言語使用を理解させるための説明1

> 次の英文に続ける場合，①と②のどちらの英文が適切でしょうか。
> 理由も考えてみましょう。
> 　　This is a famous picture. It is in a museum in Holland.
> 　　It is about 120 years old.
> 　　　① Van Gogh painted it (＝ the picture).
> 　　　② It (＝ the picture) was painted by Van Gogh.

　その他，教科書などで受け身の文が使用されている箇所を探させたり，実際に受け身の文が使用されている場面を提示することで，どのような場面で使用されるのかを考えさせることもできる。例えば，次の説明2のように，ニュージーランドの不動産の広告に記載されている，SORRY I'M RENTED.という英文を提示し，「どんな意味だと思いますか。」「なぜ，ここでは，受け身が使用されているのでしょうか。」といった質問をし，受け身の機能を生徒に意識させることができる。本来であれば，It's rented.となるが，I'm rented.（私は借りられています。）と擬人化して表現している広告である。

◆言語使用を理解させるための説明2

> これは，ニュージーランドのある不動産の広告です。SORRY I'M RENTED. と書かれていますが，どういう意味なのか考えてみましょう。

2.1.3　文法説明の方法：生徒とのインターアクション

　文法説明というと，教師が説明を行い生徒がそれを聞くというイメージがあるかもしれない。しかし，一方的に説明を行うのではなく，教師が生徒の理解を助ける立場をとり，生徒とのやり取りの中で言語への**気づき**（noticing）を促すことが重要であるという主張がある。これは，新しい知識は，より熟練した他者とのやり取りを通して習得されるというロシアの心理学者 Vygotsky（1978）の考えを踏まえている。言語学習においても，他の社会的能力と同様に対話の中で生徒の言語への意識（consciousness）を高めることで，言語を習得させることができると考えられている。教師が一方的に文法説明をする場合は，教師は単に知識を与える者という立場であるが，教師が生徒に問いかけをしながら文法説明を行う場合には，教師はインターアクションの中で生徒の言語知識を共に作り上げる補助者の役割を果たすと考えられる（Donato & Adair-Hauck, 1992）[1]。

　本章2.1.1で示した具体例でも，教師が生徒に問いかける形式で文法説明を行っている。例えば，受け身と能動態の言語形式については，次のように問いかけ，生徒から答えを引き出すようにしている。

---

[1] Donato & Adair-Hauck（1992）は，フランス語の教師2人の未来表現の指導を，教師と生徒のインターアクションという観点から質的に分析している。一方の指導は，教師が文法説明をすることが主で，生徒自身が自分で考え，試しに言語を使ってみるといったプロセスを踏む機会はなかった。もう一方は，生徒とのやり取りの中で未来表現を説明していたが，既習の現在，過去といった時制の概念と新出の未来表現とを生徒が関連づけることができるよう導いており，前者と比較して未来表現の学習に効果的であるとの分析であった。

T：Van Gogh painted the picture.とThe picture was painted by Van Gogh.では，どんな違いがありますか？
　　S：主語が違う。
　　S：paintedが，was paintedになっている。

　このように，生徒自身に違いを認識させることによって，言語への意識が高まり，文法知識が後に活用される可能性が高まると考えられる。文法項目の言語形式と意味を教師が一方的に提示するだけでなく，生徒と教師のインターアクションの中で，「既習の文法項目や類似の言語形式との意味の相違」，「言語形式が使用される場面」について生徒自身に「気づき」が起こるように工夫することが重要である。

2.1.4　文法説明のタイミング

　文法説明のタイミングは，プラクティスやFonF活動の前，活動の途中，活動の後が考えられる。理解しないままプラクティスをしても機械的な練習に留まってしまい，効果は期待できない（DeKeyser, 1998）ことから，プラクティスやFonF活動の前に文法説明をすることは必要である。2.1.1で提案した「受け身（受動態）と能動態」の文法説明の例は，プラクティスやFonF活動の前に実施することを想定している。この文法説明では，具体的な場面を提示しながら，受け身と能動態の言語形式，意味，どのような場面で受け身，あるいは能動態が用いられるかを説明している。FonF活動の前に実施する文法説明では，具体的な場面を提示し，使い分けが難しい文法項目を比較しながら説明するなど，FonF活動での運用につながるような説明が必要である。

　活動の途中での文法説明は，活動中に生徒の発話等に生じた文法の誤りに対して教師がフィードバックを与えることを指す。通常のFocus on Formの考え方（Long, 1991）では，インターアクションの中で生徒に自身の発話の誤りに気づかせたり，正しい表現方法に気づかせたりすることが言語習得を促進するためには必要であるとされている（Doughty & Williams, 1998 a）。このことから，言語活動の途中で文法的な誤りがあった場合，生徒の理解度や誤りに応じてフィードバックを行うことが大切であると言える[2]。ただ，この場合，導入時に行う文法説明というよりも，正しい言い方を教師が与え

たり，簡潔に助言する指導となる。例えば，学習者が *The picture painted by Van Gogh. などの誤った発話をした場合に，You should say, the picture was painted by Van Gogh. と教師が正確に言い直したり，「The picture PAINTED by Van Gogh? 絵が 描いたのかな？ 受け身の文を使おう。」と教師が誤りを指摘することが考えられる。このように，FonF活動の中で誤りが生じた際には，活動の目的（ゴール）であるメッセージのやり取りを阻害しない程度の，簡潔なフィードバックとしての文法説明に留めておくことがよいと思われる。なぜならば，ここでの目的は，メッセージの伝達が第一の目的となっているからである。

　さらに，文法説明をFonF活動などの後に取り入れることが考えられる。実践的な言語活動であるタスクをカリキュラムに取り入れる枠組みとして，J. Willis（1996）は，「**タスクを中心とした学習の枠組み**（TBL (task-based learning) framework）」を提案している。この枠組みでは，タスクを実施した後，タスク遂行の中で必要であった語句や文法などの言語に焦点を当てることが必要であると主張されている。もっとも，この枠組みは「タスクを中心としたカリキュラム（task-based curriculum）」を念頭に提案されているため，特定の文法項目を指導することを想定してはいない。ただ，タスクを実施するだけでなくタスク実施後に文法項目や語句に生徒の意識を向けさせるという考え方は，本書で提案している「フォーカス・オン・フォーム」アプローチに通じるものがある。このアプローチでは，FonF活動の前だけでなく，活動の後で，正確にあるいは適切に使用できなかった語句や表現に焦点を当てるような活動を実施することが重要である（第1章1.2.2の図2参照）。FonF活動に取り組んでいる間は，メッセージのやり取りが中心になるため，言語形式へ注意が十分に向かない可能性があり，活動の後に言語形式に焦点をおく機会を確保するのである。例えば，リスニングのFonF活動を行った後で，スクリプトを配布し，そこで使用されている語彙や文法項目の特徴についてまとめたり，スピーキングのFonF活動での発話を録音し，活動後に再度自分（たち）の発話を聴いて，より正確で適切な表現はなかったかを考える，といった活動が考えられる。FonF活動の前に実施した文法説

---

[2] Larsen-Freeman（2003）は，文法を静的な知識としてだけでなく，"grammaring" という動的なスキルとして捉えることを提案している。言語活動の中で，学習者自身に実際に文法を「スキル」として使用させ，教師が適切なフィードバックを与えることが "grammaring" の力を伸長するためには必要である（Takashima & Sugiura, 2006）。

明を，再度繰り返すことも，学習者の理解が不足しているようであれば必要である。

このように文法説明は，学習者の目標文法項目の理解の状況を見て，FonF活動の途中や前後に実施することが重要である。FonF活動の前には目標文法項目の言語形式・意味と，いつどのような場面でその項目が用いられるかということを意識させるような説明が，FonF活動の途中では，誤りに対するフィードバックが求められる。そして，FonF活動の後には，活動中に理解が不足していた点などを取り上げ，改めて文法説明を行うなど，学習者の理解を確実なものにするような文法説明をしていくべきである。

2.2 基礎・基本のプラクティスとフォーカス・オン・フォーム

本項では，本書で提案するプラクティスとフォーカス・オン・フォームの考え方を取り入れた言語活動（FonF活動）について，その考え方と具体例を提示する。

2.2.1 文法とコミュニケーション

外国語の授業において，文法や語彙などの言語形式の教授は外すことのできない構成要素である。「2,500年の長きに渡り，文法指導と外国語教授はほぼ同義語であった（Rutherford, 1987）」と言われるように，文法指導は，特に文法訳読法や**オーディオリンガル・メソッド**（Audiolingual Method）のような伝統的教授法においては授業の中核をなすものであった。

伝統的教授法では，図1のように，個々の言語項目を1つずつブロックを積み上げるように，説明したり，訳読をさせたり，練習をさせたりして教えることで，言語習得が最終的に達成されると考えられていた。第1章1.2.2でも触れたが，このような言語習得の捉え方は，第二言語習得（Second Language Acquisition，以下，SLA）研究では，授業ごとに別の言語項目（Form）に焦点を当てて，積み重ねて学習を進めていくその手法から，Focus on Form*S*（Long, 1991；Long & Robinson, 1998）と呼ばれる。Form*S*の語末の強調されている*S*は複数形を表し，個々の言語項目がばらばらに学ばれることを示唆している。学習者は，学んださまざまなForm*S*を自ら統合して活用すること[3]を期待される。しかし現実には，この教え方だけで英語が使えるようになる学習者は極めて限られ，外国語学習の目的が，

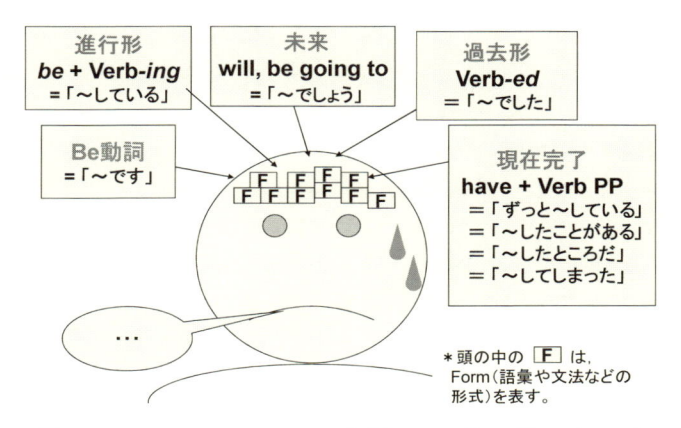

第2章 フォーカス・オン・フォーム（FonF）に基づく文法指導 45

図1 フォーカス・オン・フォームズ（Focus on FormS）のイメージ

「教養」から「コミュニケーション能力の育成」へとシフトする中で，新しい教授法が模索されるようになった。

　形式偏重の伝統的教授法に対する反省から，1960年代後半頃からは**コミュニカティブ教授法（Communicative Language Teaching）**が世界的な広がりをみせた。この教授法では，言語の本質は知識やその機械的な操作ではなく，意味・内容や機能を伴うコミュニケーションにあるとして，学習者のコミュニケーション能力の伸長を目的とし，教師主導の一斉授業に終始することなく，学習者が外国語を使う経験を重視する。この教授法には様々な形態があり，学習者に目的を持って言語を使う機会を，よりコミュニカティブな言語活動を多く取り入れることで与えようとする「弱い」バージョンから，理科や社会といった教科内容を，習得させようとする外国語で教える中でその外国語を学ばせようとする，イマージョンプログラムに代表される**内容中心教授法（content-based language teaching）**のような「強い」バージョンがある（Howatt, 1984）。コミュニカティブ教授法にバリエーションが存在する理由について，Richards & Rodgers（2001）は，それぞれ異なる教育事情を抱える現場の外国語教師たちが，自分たちの国の実情に合わせて授業実践をしてきたためであるとしている。

---
[3] 学習者は，言語を使用する場合に，学習した言語項目を自らの力で統合しなくてはならないため，Focus on FormSで行われる指導は，統合シラバス（synthetic syllabus）に分類される（Wilkins, 1976）。

伝統的教授法で重点を置かれた文法等の形式の指導と現在の外国語教育の目標であるコミュニケーション能力の伸長[4]を，どのようにして分離することなく教えていくかは，現在の外国語教育における最大の課題と言ってよい。文法偏重の伝統的教授法だけではコミュニケーション能力の伸長は望むべくも無いが，一方，「強い」バージョンのコミュニカティブ教授法のみで文法などの形式指導を行わないと，十分な言語習得は困難であることがSLA研究では知られているからである[5]。したがって，コミュニケーションを行う中で文法指導を試みる本書のアプローチは，「最大の課題」への挑戦である。

2.2.2　プラクティスの役割

日本においても，近年コミュニカティブ教授法は上記の「弱い」バージョンで取り入れられている。具体的には，PPPモデルによる英語の授業において，特に，Productionの段階でコミュニケーション活動が行われることが多い。PPPモデルを使った指導で行われるコミュニケーション活動については，使用すべき文法形式がPresentationの段階ですでに学習されており，学習者が自ら考えてその文法形式を使っているのではないとして，コミュニケーションではないと批判されることがある（例えば，D. Willis, 1996）。しかし，文法シラバスで構成される検定教科書を使用しなければならない日本の英語教育の現状には合致した指導である。

PPPモデルの各段階で，いかにして最終的にコミュニケーション能力の伸長につながるような力を生徒につけるかを考え実践することが，日本の英語教師の課題である。前節2.1で，Presentationの段階でどのような文法説明をすると生徒の理解が進みコミュニケーションの場面で使えるようになる

---

[4] 日本の英語教育だけでなく，ロシア，フィンランド，中国，台湾などの英語教育においても，『学習指導要領』に相当する国のガイドラインには，目標として「コミュニケーション能力の伸長」が掲げられている。同時に「国際的舞台で通用するレベルのコミュニケーション能力」（ロシア）など，具体的なレベルに言及したり，独自の達成指標を設けたりしている（村上，他，2006, 2008, 2009, 2010参照）。

[5] 例えば，Swain (1985) は，カナダにおけるフランス語の長期にわたるイマージョン教育では，学習者たちの言語習得には文法構造を正確かつ適切に使用する能力の伸長には限界があったことを報告している。他にも，統語的発達がほとんど見られず，正確性に乏しい結果であったとする研究（Spada & Lightbown, 1989），社会言語的知識が十分につかなかったとする研究（Ellis, 1992 b）などがある。

のかを考察し具体例を提案した。しかし，学習者が説明を理解したとしても，それだけでは言語習得に至ることはない。PracticeとProductionの段階で，それぞれどのような言語活動が求められているのかを考えることが必要である。第1章第1節で概観したように，ガイドラインである『学習指導要領』が示す目標は「コミュニケーション能力の（基礎の）育成」であり，平成20年度版では特に言語活動の充実が求められている。問題は，どのような言語活動を取り入れるべきかである。

髙島（1995）では，Presentationの段階でコミュニケーションに繋がる文法説明の内容を，髙島（2000, 2005b）では，Productionの段階で，タスクの考え方を取り入れた英語の授業実践を提案している。これは，言語活動を通して目標文法構造に焦点化する時間を文法指導や練習とあわせて取り，学習したことを定着させる枠組み（TSLT：Task-Supported Language Teaching, Ellis, 2003）の中でタスクを取り入れる方法を具体的に示したものである。その中で強調されているのは，現実的な状況を設定した課題解決的な言語活動を授業に取り入れ，Productionをよりコミュニカティブにすることであるが，それと同時に，Practiceの段階で行われる言語活動も，基礎・基本を定着させるためには重要な役割を担う。

外国語の学習において，語の発音や**パタン・プラクティス**（pattern practice）などの練習は，母語とは異なる独自の音や音調，定型表現などが苦労なくアウトプットできるようにするためには必要である。初めて自転車に乗るときに，補助車輪をつけて練習を始めるように，文法説明で学んだことを操作してみて慣れる段階がないと，実際に使うことは物理的にも心理的にも難しい。Paulston（1971）は，言語活動をすべてドリルと称し，活動中に学習者がどのような行動をとるか（機械的に操作をするのか，状況に応じて使うのか），学習者の反応の自由度（正解があるのかどうか），付随する学習プロセス（類推か分析か），反応を選択する主体（教師か学習者自身か）の4項目の基準によって，機械的（mechanical）なもの，意味のある（meaningful）もの，コミュニカティブ（communicative）なものに分類している[6]。この3種類の言語活動は，今日では一般にプラクティスと呼ばれるものである。つまり，プラクティスには，学習者がパタンを記憶するのを助けることを目的とする，変換練習や置換練習のようなものから，覚えたパタンを使ってみるものまで幅がある。文法項目やそれぞれの教師が教える学習者

のレベルにあわせて,適切なものを選択して使う必要があるということである。

プラクティスの言語習得に果たす役割については,SLA研究者の間では習得に寄与するかどうかに関して議論はあるが(例えば,DeKeyser, 2007),習得に寄与するプラクティスが機械的なドリル練習ではないことは広く受け入れられている。例えば,Ellis (1992a) は,プラクティスの目的は,新しく得た知識を通常のコミュニケーションで自動的にかつ正しく使えるレベルにまで活性化することであるとしている。外国語を使用する際,自分の考えを言葉にするのに時間がかかりもどかしい思いをすることは,誰もが経験することである。これは,人が言語を一度に処理できる容量には限界があるからであるが,プラクティスによって自動的に使える表現があると,言語を処理するシステムに余裕ができ,より流暢に言語を使うことができるようになるのである。

ただし,DeKeyser (1998) が,「機械的なドリルは形式と意味を結びつけることをせずに形式の操作に終始しており,心理言語学的な活動になりえない」と批判したように,プラクティスは意味のある活動でなければならない。そこで本書では,対比文法項目(第1章1.4.4参照)を提示しての「文法説明」と共に意味のある「プラクティス」を提案する。このプラクティスは文法説明とProductionの段階で行う言語活動とを連動させるという点で意味のある活動であり,最終的に学習者にどのような力をつけるのかという見通しを持った授業を可能とするものである。

2.2.3 文法説明と連動させたプラクティス

人が言語をコミュニケーションにおいて使用するときは,通常,**明示的知識**(explicit knowledge)ではなく,**暗示的知識**(implicit knowledge)を使っていると言われる。SLA研究ではこの2つの知識の関係について,明示的知識は暗示的知識へと変るのか,つまり,文法に関して学んだ知識は,コ

---

[6] Paulston (1971) は,機械的(mechanical)なドリルの例としては変換・置換練習を,意味のある(meaningful)ドリルの例(疑問詞が目標文法項目)としては,"What color is Little Ridinghood's hood?" という教師の質問に対して生徒が "Little Ridinghood's hood is red." と答えるものを挙げている。コミュニカティブ(communicative)なドリルの例(関係詞が目標文法項目)としては,"Do you read *the Daily News* editorials?" という教師の質問に,"No. *The Times* is the paper whose editorials I read." と答えるものを挙げており,真の意味でのコミュニカティブとは異なると思われる。

ミュニケーションで活用される知識へと変るのかどうかについて議論されている（例えば，N. Ellis, 2002）。本書では，明示的知識は，ある程度は暗示的知識に変わり，言語習得を促進するとする立場（weak-interface position）を取る。PPPモデルのはじめの段階（Presentation）で，明示的な知識を学習者に提示し，Practiceを通じてその知識を徐々に暗示的知識へと変換を図り，Productionを現実に近い場面で知識を使いこなす段階と捉える。

本章2.1.1では，明示的知識を提示しながら，コミュニケーションにつながる文法説明として，「受け身」を例として論じた。本項では，同じく「受け身」の指導を取り上げ，文法説明と連動したプラクティスを例示する。このプラクティスでは，2.1.1での文法説明と同様に，学習者が説明のポイントを視覚的に捉えて理解を深めることができるように，提示する絵の主語になるもの（人）にスポットライトを当てて，どの語から文を始めるかの合図としている。段々とスピードを上げながら，はじめは全員で，次は個人でなど，形態を変えながら，滑らかに文を発することができるようになるまで練習させたい。

「受け身と能動態」のプラクティス

技能 Speaking（口頭練習）

目的 主語になるものや人によって受け身と能動態を使い分け，文を作って言うことに慣れさせる。

手順
1. 絵をプレゼンテーションツールもしくは黒板に提示する。
2. プレゼンテーションツールのアニメーション機能で主語とするものにスポットライトを当てるか，絵にスポットライトの光の輪のマグネットなどを貼ることを合図として，全体，列，個人に口頭で受け身や能動態の文を言わせる[*4]。
3. プレゼンテーションツールを使用する場合は，生徒が言った後，絵の下に字幕を出し，絵を使う場合は，英文のカードを別に作成して貼り，再度，英文を見ながら言わせる。

[*4] 始めは，インターアクションをしながら英文を作らせ，使用する語彙などが確認できたら，スピードを上げて文を言わせるようにします。

〈生徒とのやり取りの例〉　　T 教師, S 生徒

T：さあ，それでは練習してみましょう。スポットライトが当たっている人が主役ですよ。主役ということは，文のどこに置きますか。
S：最初！
T：そうですね。では，まずこの絵の状況について言って見ましょう。（①の絵を見せる）何が起こりましたか？
S：Pochi ... Mr. Suzuki 「噛んだ」って何？
T：bit
S：Pochi Mr. Suzuki bit.
T：Pochi ... ?*5
S：Pochi bit Mr. Suzuki.
T：Very good!（絵の下の英文字幕を提示する）Let's read this together.
S：Pochi bit Mr. Suzuki.
T：Then how about this?（②の絵を見せる）
S：Mr. Suzuki ... bit Pochi.
T：Mr. Suzuki bit Pochi? Oh, no! Do you mean this?（③の絵を見せる）Poor Pochi.*6
S：No, No. Mr. Suzukiが「噛まれた」… 。
T：「噛まれた」は，受け身ですね。受け身にはbe動詞が必要でしたね*7。
S：Mr. Suzuki was bit by Pochi.
T：Right.*8 Mr. Suzuki was BITTEN by Pochi.（過去分詞を強調して発音し，同時に英文字幕を提示する）Let's read this together.
S：Mr. Suzuki was bitten by Pochi.

*5 英語はSVO言語であることは理解していても，発話となると日本語に引きずられる生徒は多いため，言い直すようにはじめの語を言って修正を促します。生徒が気づかなければ，Pochi BITまで言います。

*6 受け身を用いて表現しないと意味する内容が異なってしまうことを印象づけます。

*7 文法用語を使った説明は日本語のほうが効率的です。生徒の理解度に応じて，文法形式に関するヒントを与えると答えが出やすくなります。黒板に，

受け身：「〜された」＝be動詞＋動詞の過去分詞

のような1枚のカードを貼っておいて，必要に応じてカードを確認させるのもよい方法です。

*8 本当はRight.ではありませんが，be動詞のwasを使って過去の出来事を伝えることができたことを評価します。そして，過去分詞を使った正しい文を目と耳から（英文字幕と教師の発音から）生徒にインプットし，言わせます。フィードバックはタイミングが大切で，「どう言えばいいの？」と生徒が疑問に思ったときに与えると記憶に残りやすくなります。

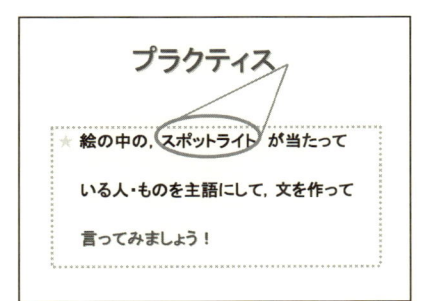

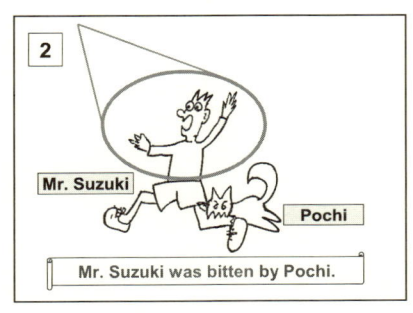

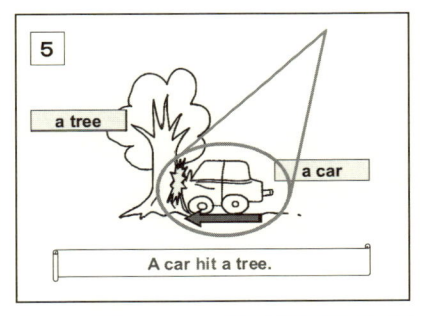

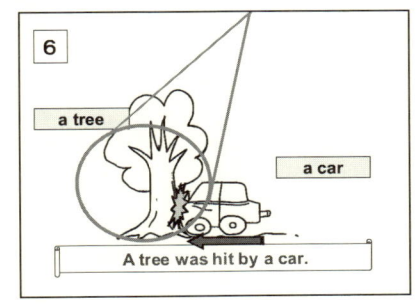

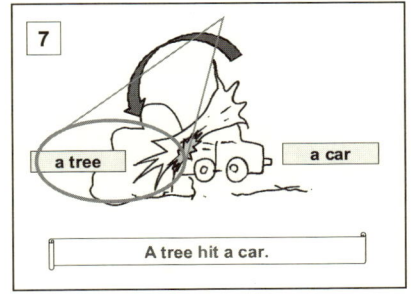

第2章 フォーカス・オン・フォーム（FonF）に基づく文法指導　51

プラクティス

★ 絵の中の、スポットライトが当たっている人・ものを主語にして、文を作って言ってみましょう！

1. Pochi bit Mr. Suzuki.
2. Mr. Suzuki was bitten by Pochi.
3. Mr. Suzuki bit Pochi.
4. Pochi was bitten by Mr. Suzuki.
5. A car hit a tree.
6. A tree was hit by a car.
7. A tree hit a car.

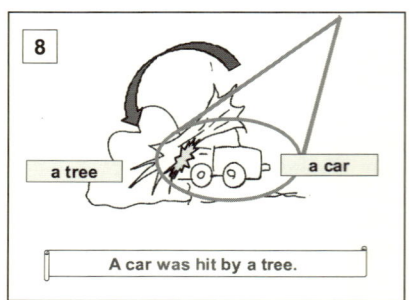

8	9
a tree — a car	an old woman / two boys
A car was hit by a tree.	An old woman helped two boys.

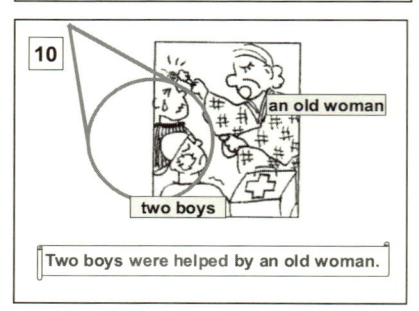

10	11
an old woman / two boys	two boys / an old woman
Two boys were helped by an old woman.	An old woman was helped by two boys.

12	13
Sunflowers / Van Gogh	Sunflowers / Van Gogh
Van Gogh painted *Sunflowers*.	*Sunflowers* was painted by Van Gogh.

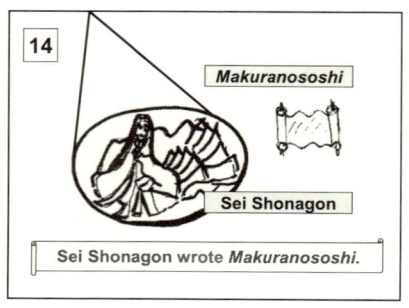

14	15
Makuranososhi / Sei Shonagon	*Makuranososhi* / Sei Shonagon
Sei Shonagon wrote *Makuranososhi*.	*Makuranososhi* was written by Sei Shonagon.

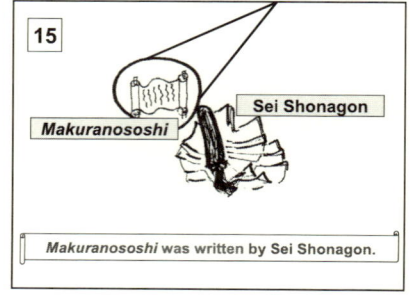

2.2.4 フォーカス・オン・フォームという考え方

　文法とコミュニケーションの指導を同時に行うものとして，現在注目を集めているのが第1章でも紹介したフォーカス・オン・フォーム（Focus on Form，以下，FonF）という考え方である。Long (1991) やLong & Robinson (1998) は，FonFを，意味に焦点を当てた授業の中で，つまり，文法等の形式の指導ではなくコミュニケーションを行っている時に，教師や他の生徒が言ったことを聞いたり，自分が伝えたい内容を話したり書いたりしていて，理解できなかったり，どう表現してよいかわからなかったり，相手にわかってもらえなかったりする問題が起こった場合に，言語形式に学習者の注意が向けられることであると説明している。コミュニケーションに必要な場面で文法等の形式を認識し，言語の形式・意味・機能の結びつきを理解することが言語習得を促すとされる。

　FonFは，意味のあるコミュニケーションを行う中で言語形式に注意を払わせるという点が，それぞれを別々に指導する，意味の理解に焦点の置かれるFocus on Meaningや，先述の言語形式に焦点の置かれるFocus on FormSとも異なるとされる。言語形式とその意味を暗記して使ってみるのではなく，言葉を使う目的や伝えたい気持ちを伴った本当の意味でのコミュニケーションを行うときに，言語形式に意識を向ける所がFonFの特徴である。例えば，相手が言ったことでわからない語について質問したり，自分が伝えたい内容をどう表現すればよいのかを，習って知っている形式を使えばよいことに気がついたりして実際に使い，インターアクションを行うことが大切なのである。

　以下の図2では，ALTの先生に自分の家の庭になっている柿をあげるというコミュニケーションの目的のために，ALTの先生に柿は好きかどうかを問うにはどう言えばよいのかを考える中で，以前，好き嫌いを聞くコミュニケーション活動で「〜は好きですか」は Do you like 〜 ? というformを使ったことを思い出して言ってみている。このように，コミュニケーションを第一義としながら語彙や文法などの言語形式に学習者が意識を向け，実際に使ってみることでその言語形式がコミュニケーションで果たす機能を実感することが，FonFである。

　Long (1991) や Long & Robinson (1998) のFonFの定義では，コミュニケーション上何か問題があった場合に，それに対応する形で起こるFonFが

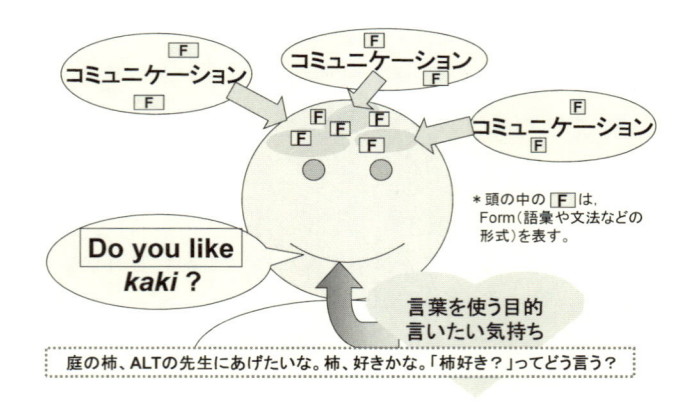

図2　フォーカス・オン・フォーム（Focus on Form）のイメージ

想定されているが，その後の研究では，より多様な形でのFonFが考案されている（例えば，Williams, 2005）。上の例では，自分の言ったことが相手に伝わらないなどのコミュニケーション上の問題が起こったわけではないが，学習者がコミュニケーションに必要な言語形式を自らに問う形で言語形式へ注意が向けられている。FonFの考え方では，図2のようにコミュニケーションを通して，体験的に言語が学ばれることが大切であるとされる。学習者が自ら言語の形式とその働きとの結びつきに気がつき，実際に使うことで，体験的に文法などの形式が学ばれると考えられているのである。

　それでは，授業の中でFonFの考え方を取り入れるにはどのような方法があるのだろうか。次項では，FonFの種類について概観し，具体的なFonFの手法について述べる。

2.2.5　フォーカス・オン・フォームの種類

　FonFは，まず大きく2種類に分けられる。学習者が言語形式に注意を払うようにあらかじめ活動のデザインを計画する「計画的なもの（planned）」と，コミュニケーションを行う中で必要に応じて行う「随時的なもの（spontaneous）」である。Doughty & Williams（1998b）は，「先行型（proactive）」と「反応型（reactive）」として分類した。さらに，Williams（2005）は，それぞれ，学習者の誤りに対してフィードバックを行う反応型と，学習者が使用するときに困難を感じるであろう言語項目をあらかじめ予

測して何らかの手段を講じる先行・先制型に分類している（図3参照）。

　図3の①と②は，活動や授業中にコミュニケーションを行っているときに，学習者が誤った場合，recastなどのフィードバック[7]を与える手法である。①の集中型は，特定の言語形式に絞って（targeted）フィードバックを与え，②の広範囲型は，学習者の誤り全般に対して（general）フィードバックを行う。

　③は，特定の言語形式を使用するように作成したFocused Taskや特定の文法構造を多数含むインプットを与えるinput flood（インプット・フラッド）[8]，特定の文法構造にアンダーラインを引いたり太字にしたりして目立たせて学習者が気がつくようにする手法（input enhancement）などが相当する。また，メモを取りながら聞き取った内容を話し合って再構成して書くdictogloss（Wajnryb, 1990）や，特定の文法構造を含む単文を処理させる

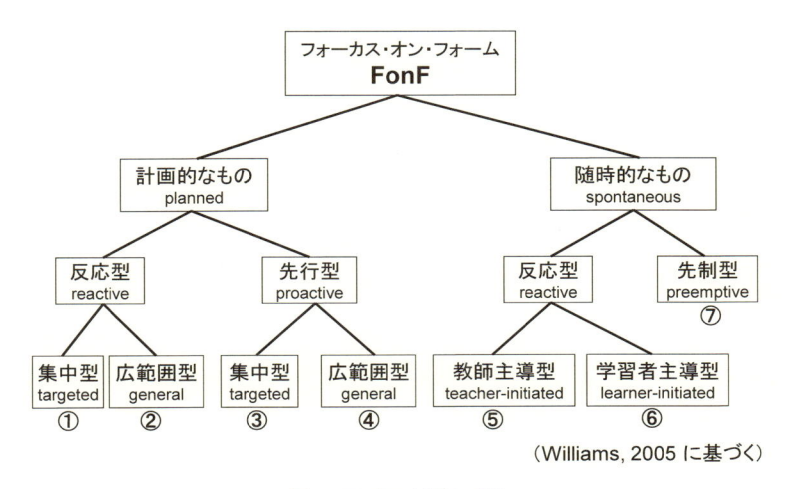

図3　FonFの活動と手法

（Williams, 2005に基づく）

---

[7] このようなフィードバックは，corrective feedbackと呼ばれ，相手の誤りを正しく言い直すrecastの他に，言い換えを要求するclarification request，相手の意図を確認するconfirmation check，のような暗示的（implicit）なものと，誤りをはっきりと示す明示的（explicit）なものがある。ただし，明示性は，タイミングや言い方によって変わってくる。フィードバックについては，「用語の解説」を参照。

[8] Input floodについては，次項2.2.6の(2)および「用語の解説」を参照。

input processing/processing instruction（VanPatten, 1996）もこのカテゴリーに属すると考えられる[9]。いずれも，活動自体が特定の文法構造に学習者の意識を向けさせて使用させるように，「先行的に（proactive）」作成されている。

④は，活動を行う前の事前準備の時間を増やしたり，活動を繰り返すことによって言語形式に注意を向けさせる手法などが考えられる。交渉して1つの結論を出さなくてはならない双方向型の活動（negotiation task）もここに分類される。教師側が活動や教材をあらかじめ用意する「先行型」である点は③と共通しているが，目標文法構造は設定されないため，どの言語形式に学習者が注意を向けるかは予測できない。

随時的なFonFもまた，「反応型」と「先制型」に分けられる。⑤は，コミュニケーション活動中，複数の学習者がある言語項目に関して間違えたり，使えなかったりしているのに教師が気づいた時に，活動を一旦中断させ，その言語項目に関して簡単に説明して学習者の注意を促す場合である。一方，⑥は，学習者自身がわからない語や言い方・書き方を質問する場合が当てはまる。

⑦は，コミュニケーション活動を始める前に，学習者が間違えたり使えなかったりするであろうと教師が予測して，「先制的に（preemptive）」語彙や文法の説明をする場合である。Ellis, et al.（2001）では，教室で起こったFonFの事例を調べているが，随時的FonF（⑤〜⑦）のうち，圧倒的に多かったのは，⑥の学習者が主導するものであり，学習者自らが教師に質問をした語彙や文法の形式はすぐに発話で使われた（uptake）のに対し，教師が学習者に困難であると思い先に説明した（preemptive）項目（⑦）は，ほとんど使用されなかったと報告されている。

本書で提案するFonF活動と手法は，基本的には図3の左側（①〜④）の「計画的なもの（planned）」である。その中でも特に，③の「集中型（targeted）」のさまざまな手法を，FonF活動として提案している。また，それぞれの活動や文法説明に〈生徒とのやり取りの例〉をつけて，①や②のフィードバックを具体的にどのように行えばよいのかを示している。この〈教師

---

[9] Processing instructionに関しては，学習者の注意はコミュニケーションではなく言語形式に第一義的に向けられているとして，FonFではなくFocus on formSであると批判されることもある（Ellis, 2001）。

と生徒のやり取りの例〉では，教室で起こりがちな「コミュニケーション上の問題」や誤りを想定して書いているので，計画的反応型のFonF（①と②）以外に⑥の随時的反応型のものも一部含まれる。また，FonFとは直接関係しないコメントも，必要であると考えられる場合は入れている。

2.2.6 フォーカス・オン・フォームの手法を取り入れた活動の例

この項では，受け身を目標文法項目とした場合の，計画的先行・集中型のFonF（③）の例を具体的に見ていくことにする。

(1) Input Processing

これは，VanPatten (1996) によって研究が進められているインプットを使った文法指導の手法である。Structured inputと呼ばれる，目標文法項目を含む単文を聞かせ，学習者に聞いた文の内容を表す絵を選ばせる活動を行うことで，文法形式と意味のつながりを理解させることを主眼とする。活動の前に明示的に文法を教える活動が含まれることが多いため，Processing Instructionとも言われる。ここでは，活動の部分のみをFonF活動に仕立てている。

本活動では，生徒は，1.〜14.の受け身か能動態の文を聞き，AかBのどちらの絵がその内容を示しているかを選ぶ。例えば，1.〜3.の文にはすべてTomとa dogが含まれており，bitが能動態であるのに対し，was bittenという文法形式は「〜される・された」という意味をあらわす受け身であることが理解できないと正しい絵は選べない。つまり，正しい絵を選ぶためには，特定の文法形式（この活動では，受け身と能動態）に意識を向け，意味を理解しなければならないように作成してある。

> **目的** 受け身と能動態とを対比的に提示することで，受け身が表す意味を理解させる。
> **手順** 英文を生徒に聞かせ，英文が表すイラストをAとBから選ばせる。

問題文	A	B
1. Tom was bitten by a dog.　　A B		
2. A dog bit Tom.　　　　　　　A B		
3. A dog was bitten by Tom.　　A B		
4. A car hit a tree.　　　　　　A B		
5. A tree hit a car.　　　　　　A B		
6. A car was hit by a tree.　　A B		
7. A man stepped on the woman's foot.　A B		
8. A woman stepped on a man's foot.　A B		
9. A man's foot was stepped on by the woman.　A B		
10. A woman's foot was stepped on by the man.　A B		
11. Two boys helped an old woman.　A B		
12. An old woman helped two boys.　A B		
13. Two boys were helped by an old woman.　A B		
14. An old woman was helped by two boys.　A B		

解答
1. A　2. A　3. B　4. A　5. B
6. B　7. B　8. A　9. A　10. B
11. A　12. B　13. B　14. A

〈生徒とのやり取りの例〉　　T 教師, S 生徒
T : Let's start with No. 1. Listen to this English sen-

*9 この活動のように絵があって比較的単純なものは、指示を英語で出しても生徒は理解できるものと考えられます。
*10 必要ならば、2回繰り返しましょう。受け身の形式、was bittenの部分を強調してもよいでしょう。この活動がFonFであるのは、was

tence and choose which picture*⁹ shows the situation. Choose Picture A or B. Are you ready?
S：O.K.
T：No. 1. Tom was bitten by a dog*¹⁰.
S：A!
T：Yes! How did you know it was A? Tom is in Picture B, too.
S：But Picture B, Tom eating dog.
T：Exactly! Tom is biting*¹¹ a dog in picture B. In picture A, look! Tom was BITTEN by a dog. You know what to do. Now, let's move on to No. 2.

(2) Input Flood / Input Enhancement*¹², Dictogloss*¹³

　Input flood（インプット・フラッド）は，目標文法構造をできるだけ数多く取り入れてインプット（この場合は，リーディング教材）を作成し，生徒がその文法構造に触れる頻度を多くすることで，生徒の文法構造への気づきを誘うものである。また，「気づき」を促進するために目標文法構造にアンダーラインを引いたり，太字にするなどする手法は input enhancement と呼ばれる。この活動では，この記事を読ませた後回収し，内容を再構築して書かせる活動を取り入れることで，なぜ，能動態ではなく受け身を使わなければならないかを考えることになる。Wajnryb (1990) の dictogloss では，リーディングではなくリスニングから始め，複数の段階があるが，ここでは内容の再構成をするというコミュニカティブな活動をする中で文法形式に注意を払う段階をFonF活動として取り入れている。

> **目的** 受け身と能動態の使い分けができるようにさせる。
>
> **手順**
> 　1．受け身を多く含むまとまりのある英文が書かれたシートを配布し，読ませる。読んでいる間，

bittenという言語形式を理解しなければ，類似の絵から正しいものを選ぶことができない点にあります。

＊11　コミュニケーション上支障のない誤りはことごとく指摘して修正させると，生徒が英語で話す気持ちをなくしてしまう可能性があります。語彙や文法の誤りはさりげなく言い換えましょう。これは，recastという手法で，SLA研究では，「気づき」を与えるには弱いとされますが，生徒の中には，eatingではなくbiting, isが挿入されたことに気がつく者もいます。このような機会を生徒とのやり取りのなかで多く与えることが，「言葉が学ばれやすい環境」を作ることです。

＊12　このリーディング教材は，故意に受け身を多く用いて作成することにより，インプットの中で学習者が受け身に多く接し，その使われ方を理解することを狙ったFonFの手法の一つです。

＊13　この手法は，もとは聞き取った（リスニング）情報をペアやグループで再現し，原文と比較するものですが，グループの話し合いがうまく進まないことも多いので，ここでは原文の再現を教師と生徒のインタラクションのなかで，要旨を作成する形態にしています。目標文法構造の使われ方を理解し，自らも使うというエッセンスは同じです。Dictoglossに関しては「用語の解説」を参照。

2．生徒が読み終えたら英文シートは回収する。
3．教師とクラス全体で，内容確認を英語で行い，要約を完成させる。

ノートにメモを取ってもよいことを伝える。

The Scream screams!

Have you seen the painting called *The Scream*? It is one of the most famous Norwegian works of art. *The Scream* was painted by Edvard Munch. The painting is quite powerful, and once you see it, you'll never forget it.

In August, 2004, *The Scream* was stolen in the middle of the day, so everyone was surprised. Two masked men entered the Munch Museum through the café. While one man was holding staff and visitors at gunpoint, the other man went to the gallery and took *The Scream* and *Madonna* off the wall. They ran out of the museum and got away in a black car.

It is said that five people were involved in this theft. Three men were arrested, but the two others have still not been caught. *The Scream* was returned to the Munch Museum. It is good to know that this painting was hardly damaged.

　　　　　　※ Edvard Munch：ムンク，ノルウェーを代表する画家

要約*14

It is about a famous picture. The picture (①　　　)

*14　この要約は，受け身を使用するように作成していますが，理想的で

(②) *The Scream*. It (③) (④) by Munch. In 2004, this picture (⑤) (⑥) by some men. Everyone (⑦) (⑧) because it happened in the daytime. Some of the thieves (⑨) (⑩), but the others were not. The good thing is *The Scream* (⑪) (⑫) to the Museum, and it was not (⑬) very much.

※ thieves：thief（泥棒）の複数形

|解答|

① is ② called ③ was ④ painted ⑤ was
⑥ stolen ⑦ was ⑧ suprised / shocked ⑨ were
⑩ arrested / caught ⑪ was ⑫ retuned
⑬ damaged

〈生徒とのやり取りの例〉　　　*T* 教師，*S* 生徒

T：Do you know this picture?
S：Yes. Yes. 美術の教科書に載ってる。
T：Right. What is the name of the picture?
S：叫び！スクリーム？
T：Yes. *The Scream*. The picture is … ?
S：*The Scream*!
T：Right. The picture <u>is called</u> *The Scream*. Who painted *The Scream*?
S：ムンク！
T：Exactly, Munch. *The Scream* was … ? Can you finish this sentence?
S：*The Scream* <u>was painted</u>*[15] Munch.
T：*The Scream* was painted by Munch. Then what happened to the picture?
S：The picture 盗まれた！ Steal?
T：Steal - stole - stolen*[16]. The picture was … ?
S：The picture was stolen!
T：I know*[17]. That's too bad. <u>Were</u> the thieves <u>caught</u>?*[18]

あるのは生徒に自由に書かせることで，受け身と能動態の使い分けができるようになっているかを確認する形式です。
*15 誤りには，この文でbyが抜けているようにコミュニケーション上それほど支障のないローカル（local）なものと，意思疎通に支障が生じるグローバル（global）な誤りがあります。例えば，この文でwasが抜け，受け身の意味が失われ，過去形の文と混同されるような誤りを指します。ローカルなものはさりげなく言い直す程度にとどめます。
*16 これまでの指導で，受け身には過去分詞が使われることは理解しているはずなので，ヒントとして動詞の活用を提示します。FonFは，形式を教え込むのではなく，コミュニケーションをしながら形式の使われ方を学ぶものなので，教師はこの学びが起こるように支援します。
*17 「フォーカス・オン・フォーム」アプローチでは，コミュニケーションが第一義になります。受け身の文を作ることができたことを褒めるのではなく，あくまでもその文が伝えている内容に反応することが大切です。
*18 ここでは，教師が先に受け身を使用して話を進めています。これはrecastに対してprecast（Samuda, 2001）と呼

S：Yes. No. Three is caught, but ...

(3) Input Flood, Focused Task

　ここで例示する活動は，メールを読んで返事を書くという，現実のコミュニケーションに極めて近い設定の活動である。リーディングの文章には，受け身が複数使われており，前項の活動と同様にinput floodの手法を取り入れ，返信メールを書く際にも受け身を使用するように作成された，Focused Taskである。特定の文法構造を使用するようにデザインされるFocused Taskには，学習者がその文法項目を使用する必然性の度合いによって，① 使用することが自然である設定（task-naturalness），② 使用すると役立つ設定（task-usefulness），③ 使用することが必要不可欠な設定（task-essentialness），の3段階があるとされる。特に，アウトプットに際して特定の文法構造を使用させるFocused Taskを③の設定で作成することは学習者が目標文法項目を使わず，別の表現を用いる場合が多いため，困難であると言われている（Loschky & Bley-Vroman, 1993）。そこで，この活動のように②，③の設定でも比較的作成がしやすいインプットのFocused Taskと組み合わせたり，書かせた後にフィードバックを行うことが必須となる。

ばれ，どのような場合に目標文法構造が使われるのかが理解できると，生徒自身が目標文法構造を使用する確率が高くなります。Samuda（2001）の研究では，目標文法項目である法助動詞mustを，教師が"... You think it's 90% certain, so you think he *must* be a businessman."と率先して使った後の会話で，生徒が"*She must, she must* has many, many, MANY boyfriends."と，確信がある場合にmustを使用することを理解して使ったことが報告されています。

技能　Reading & Writing
目的　受け身と能動態の使い分けができるようにさせる。
手順
1．受け身を含むメールの英文シートを配布し，読ませる。
2．メールの返事を書かせる。

★台湾に住むメール友達から次のようなメールが届きました。読んでみましょう。

第2章 フォーカス・オン・フォーム（FonF）に基づく文法指導　63

Hi, there!
Here is some information you might be interested in. Take a look at the picture below. This fruit is called "Dragon Fruit." It is covered with red skin, but inside it is white with a lot of small black seeds. It tastes sweet and nice. Actually this is my favorite fruit. It is grown in the south of Taiwan. You can enjoy this fruit in summer. You should try it.

I was net-surfing yesterday, and I found the picture of a castle. It is beautiful. I want to visit this castle next time I go to Japan. Where is this castle? What is it called? When was it built? Tell me more.

Bye, now!

〈生徒とのやり取りの例〉　　T 教師，S 生徒

T : I'd like to know what you wrote. Please read it out.*19
S : Hello! Thank you for your e-mail. Dragon fruit is interesting. We don't have dragon fruit in Japan. The castle in your e-mail is Himeji castle. It was building in 1346.
T : It was building?

*19　教師の英語に答える形のコミュニケーションは，慣れないと不安に感じる生徒は多いですが，書いたものを読むならば不安は少ないはずです。

S：…
T：建っていたのですか？今はもう無いの？*20
S：そうか，建てられたか。built.
T：It …*21
S：It built in 1346.
T：It *was* built in 1346.*22
S：ああ！ It was built in 1346.

(4) Consciousness-raising Task

　言語形式について意識を高める活動である。同じ形式の文が並ぶ文章を読んで，目標文法構造のルールを学習者が自分で発見することを求めるスタイルのものが多いが，より真実性の高い内容にするために，2種類のテキストを用意した。

目的　実際のコミュニケーションでは，どのような場合に受け身が使われるのかを理解させる。

手法
1. 同じトピックを扱うビデオクリップを見せる*23。どちらもカレーについてだが，Aは，カレーレストランのシェフが自分の店で提供しているカレーについて話しているもの，Bは，カレーが好きな人がカレーについて話しているものである。
2. AとBとでどちらに受け身が多く使われていたかに気をつけるように伝えて，もう一度ビデオクリップを見せる。受け身で使われた動詞をメモさせる。
3. なぜ，AよりもBで受け身が多く使われているのかについて全体で話し合わせる。

*20　FonF のフィードバックには，様々な手法があります。これは，発話を引き出す手法（elicitation）です。
*21　生徒が言いやすいように，はじめを教師が先導してもよいでしょう。
*22　Recast と呼ばれるフィードバックです。普通に言うと気づいてもらえないことが多いので，直したところを強調して言うと効果があります。

*23　ALT にスクリプトを読んでもらったり，リーディングの活動にすることもできます。

第2章　フォーカス・オン・フォーム（FonF）に基づく文法指導　65

Script A

Welcome to Super Curry Shop. Are you looking for truly delicious curry? You are in the right place. We have over 30 different kinds of curry from all over the world. Have you ever tried real Indian curry? We serve it in the real authentic style with a piece of Indian bread. It's called nan. We also have Thai curry. Our Thai green curry is very popular. This curry is mild because we put some coconut milk in it. Come and visit us to taste our delicious curry!

Script B

My favorite food is curry. Today I'm going to talk about different kinds of curry. Curries are categorized into two types: One is curry with a lot of soup, and the other is curry with little soup. Curry with a lot of soup was invented in Japan. In Japan, curry is often eaten with rice. On the other hand, in India, where curry was originally invented, curry with little soup is more usual. Vegetables are cooked only in oil and spices. To cook the Japanese-style curry, curry roux is usually used, but in India, spices are used. In India, curry is eaten with the fingers.

※　categorize：分類する，invent：発明する，
　　roux：ルー

〈生徒とのやり取りの例〉　　T 教師，S 生徒

T：どちらの文章が受け身を使った表現が多かったですか？
S：Bの方[24]。
T：なぜだかわかった人？
S：Bはカレー屋さんじゃないから？
T：カレー屋さんではないBさんは，何にスポットライト

[24] 答えが出ない場合は，スクリプトを配って（アンダーラインを引いていないもの），受け身の部分にアンダーラインを引かせるとよいでしょう。

を当てて話していましたか？*25
S：カレー！
T：では，カレー屋のAさんのスポットライトは何ですか？
S：自分の店？
T：そうですね。英語ではスポットライトが当たっているものを主語にするから，「カレーはご飯と一緒に食べられる」や「ルーを使うカレーは日本で発明された」*26などと，受け身になることが多いですね。これに対して，カレー屋のAさんは，「自分の店にはこんなカレーがあるよ」と店が主語になっているから，能動態が多いのですね。

*25 文法説明で使った，スポットライトの概念を思い出させます。

*26 ここでこの英文を黒板に貼るか，スクリプトを印刷したものを配って受け身の形式を目でも確認させるとなおよいでしょう。

2.2.7　プラクティスとFonF活動

　ここまで，文法説明とプラクティスの後にFonF活動を行い，さらにフィードバックとしての文法説明や必要に応じてプラクティスなどを行うといった，文法とコミュニケーションの両者を大切にする考え方を示し，具体的な活動や手法について見てきた。コミュニカティブな英語授業を心掛けている教師にとっては，わざわざFonF活動と呼ばなくてもすでに実践している事もあるかもしれない。一方で，例えば前項2.2.6の(3)で紹介した，目標文法項目を使ってメールの返事を書く活動などについては，重要であることは理解していても，時間的制約などの理由から実践にまで至らない現場もあることだろう。

　プラクティスとFonF活動の境はあいまいである。本書では，プラクティスは文法説明で押さえたポイントを定着させるための言語活動と捉え，単一の技能（例えば，リスニング）を扱う，やや機械的に言語を操作するが意味のある活動としている。文法説明の内容と関連があり，次のFonF活動へのステップとなっているからである。一方，FonF活動は，原則として2つ以上の技能を有機的に関連させた統合的な活動となっているが，活動のデザインとして「計画的」「先行的」に目標文法構造を設定しているという点では，完全にコミュニカティブというわけではない。大切なことは，本章で具体例を見たように，文法説明，プラクティス，FonF活動のどの段階でも，教師と学習者，および学習者間での英語によるインターアクションを豊富に行う

ことである。英語でのインターアクションはコミュニケーションそのものであり，その中で，学習者が誤って言葉を使ったり，うまくコミュニケーションができない場合に，様々なフィードバックを与えて支援をすることが言語の学習につながっていくからである。インターアクションにおけるこのような支援は「反応的」なFonFの手法に他ならない。コミュニケーションのコンテクストを大切にした文法指導を心がけ，生徒のニーズに応じて様々な方法で，生徒自身が言葉を使用しながら学ぶように，「先行的」かつ「反応的」に指導することが必要なのである。

〈コラム3〉「フォーカス・オン・フォーム」アプローチによる中学生への「タスク活動」の実践

　本書で言うFonF活動の1つに，似通った2つ（以上）の文法項目を活動の中で使い分けさせる「タスク活動」がある。例えば，現在進行形を目標文法項目として，買い物に行く日時をペアで決めるという活動では，現在進行形と現在形のいずれかを選択して用いることが求められている（髙島，2000, pp. 87-91）。本当に現在進行形が使えるかどうかは，現在形と使い分けることができて初めて現在進行形が理解できたと言えるからである。このような言語活動は，中学校の英語の授業において，これまであまりなされてこなかった活動である。

　Y市のA中学校校区の小学校（1校）は，平成21年度より本格的に外国語活動を始め，例えば，買い物をする場面で，値段の交渉を行う活動を通して「英語をコミュニケーションの手段として使用する」ことを経験して，中学校へ入学してきた。このことを受けて，中学校では，英語の学習で大切なことは，「課題を解決するために，ことばによるやり取りを行うことである」ということを，生徒に強く意識してもらうために，タスク活動を継続的に実践してみた。タスク活動でやり取りを通して課題解決ができるようになるには，事前のプラクティスをしっかり行っていくことが必要であり，生徒にはタスク活動を通して，プラクティスの重要性を実感させることができた。継続的に活動を実施することで，生徒は，より意欲的にタスク活動に取り組めるようになり，プラクティスに対する姿勢も積極的となった。

　タスク活動による影響を客観的に見るために，中学校入学時から何回か行ってきたタスク活動について，アンケートにより調査した（2学年3クラス計99名，平成22年10月実施）。質問の主な項目は，「タスク活動で楽しいところは何か」「タスク活動で難しいところは何か」であり，予備的な調査として，「タスク活動は楽しいか」「タスク活動では英語でやり取りしている感じがするか」「英語が好きか」「英語を得意と思うか」といった項目も設けた。

　アンケートの結果から，「タスク活動が楽しい」理由として，「実際に役立つところ」や「場面に合わせて，自分で考えて英語を使うこと」挙げた生徒が多く，また，「タスク活動が難しい」理由としては，「どのような場面でどのような英語を使ったらよいか考えること」といった回答が多くあった。興味深いことは，「楽しさ」にも「難しさ」にも，「自分の意思を自分の言葉で表現する」という共通の回答が見られたことである。これは，活動に「学習者自身が認識できる明確な目的・ゴールが設定されていること」，「学習者が主体的にかかわることができること」，「活動内に自由度があり，その中で個性が反映できること」が含まれており，生徒にとって難しいと感じる一方で，活動から得られる達成感などから英語でやり取りする楽しさを感じているからである。言い換え

れば，タスク活動を通じて教室外で行われる現実のコミュニケーションに近いシミュレーション的な言語活動を教室の中で行っていると言える。「難しさ」に関する生徒からの回答からは，「表現したいことを上手に伝えることができない」あるいは，「自分には何ができて何ができないのか」（第1章1.3.2参照）に生徒が気がついたと推察できる回答があり，言語習得の観点からもタスク活動が有効であることを示している。

　また，「英語が好きか」や「英語を得意と思うか」と「タスク活動が楽しいか」との関係には，いずれも統計的に有効な関係が見られなかった（英語が好きではないと回答した33名のうち28人の生徒が，また，得意ではないと回答した56人のうち49人の生徒が楽しいと感じている）。さらに，「やり取りをしている感じがするか」に関しても，英語が好きではなくても，得意ではなくても，やり取りをしている感じがすると回答した生徒数は，感じないと回答した生徒数を上回っていた（英語が好きではない33名中27人が，得意ではない56人中50人がやり取りをしていると感じている）。

　評価方法に関しては，活動終了後のパフォーマンステスト（performance test）がある。1つの方法として，生徒に授業で取り組んだタスク活動と類似の場面や状況を与え，ALTと1対1でやり取りをさせる方法がある。テストで与えられた課題を解決するために，適切な文法形式を用いることができるかどうかを評価するのである。例えば，ALTの飼っていたネコがいなくなったという場面設定では，生徒が目撃情報をALTに伝えるには，「ネコは〇〇時ごろ，〜をしていた」という目撃情報をALTに伝える必要がある。評価規準としては表現の「適切さ」と「正確さ」が考えられる。ここで「表現の適切さ」として，過去形の文ではなく過去進行形の文を選択することができたかどうかが鍵になる。次に，過去進行形を使おうとしたときに，「表現の正確さ」が求められる。実際に，wasを落としたり，was eatと言った生徒がおり，このテストにより，即時的かつ正確に運用する力がどの程度備わっているかが明らかになる。このように，教師は特定の文法項目に対する生徒の学習状況を明らかにすることで，生徒の誤りに対し，再度，文法説明によるフィードバックを与えることができる。このことにより生徒の「表現の適切さと正確さ」を向上させることができるのである。

　タスク活動は，生徒に英語を使う機会を与え，英語の運用に際してさまざまな気づきを促し，教室外での自然なコミュニケーションを可能とする有効な言語活動である。検定教科書を用いた中学校の英語の授業では，どのようにタスク活動を授業で扱うかが課題となるが，いくつかの単元のまとめとして，学期に数回取り入れるなど，復習的に実施することができる。教師は，いつ，どのような活動を授業の中に取り込んでいくかを考える必要があり，カリキュラム編成やプラクティスのための教材選定や活用方法を精査していくことが重要であると思われる。

〈コラム4〉 言語活動と英語学習への動機づけ

　動機づけ（motivation）は何らかの行動を引き起こしたり維持したりする上で大事なものである（新井，1995；上淵，2004）。例えば，「明日のサッカーの試合では絶対に勝つ！」というやる気は，試合の内容や結果に大きな影響を与える可能性がある。やる気という言葉には前向きで積極的な意味合いが含まれていることが多いが，心理学では価値中立的に動機づけと呼ばれ，長年にわたって研究されてきた（上淵，2004）。外国語教育における学習者の動機づけは，学習意欲と呼ばれることもあるが，言語学習が成功するか否かを左右する重要な要因の1つであると考えられている（Dörnyei, 2001, 2005；本田，2008）。

　動機づけにかかわる重要な概念として，**動機（motive）**がある。学習者の目的・興味・関心などの内的要因（動因）と教師・他の学習者・評価などの外的要因（誘因）に分けることもあるが，2つが完全に独立したものであるとは限らない。学習者同士がどのような関係にあるのか，教師や学習者が教室でどのような役割を果たしているのか，学習者はお互いに協力し合いながら意思疎通を図ることができているのかなどの様々な要因が，学習に対する取り組みに大きく影響を与えている（Dörnyei & Murphey, 2003；Ehrman & Dörnyei, 1998；廣森，2006）。特定の学習活動が維持されるためには，その活動がさまざまな動機に支えられていることが重要である（市川，2001）。

　学習者の動機を高めることは，教師の重要な役割の1つである。Ushioda（2001）が主張するように，教師の課題は「いかに動機づけることができるか」ではなく，「動機づける状況をいかにして作り出すことができるのか」である。学習者が動機づけられるような状況を作り出す方法の1つは，タスクのようなコミュニケーションを図る活動を取り入れることである。これらの活動には明確な目標・ゴールが設定されているとともに，学習者は主体的にかかわることができる。さらに学習者の個性が反映できる自由度のある言語活動は，自己関与を高めることができ効果的である（第1章1.3.2参照）。このような特徴は，高い集中力を保ちながら，ある行為に没頭している状態である**フロー（flow）**体験を引き起こす4条件（① 学習者の能力とタスクの難易度の差が適切である，② 明確なタスクの目標を達成することに学習者の注意が向けられている，③ タスク自体が興味深く真正性がある，④ タスク遂行の過程や結果に学習者が関与できる）をほぼ満たすものである（詳細はEgbert, 2003参照）。

学習者は活動に価値を認めると，粘り強く活動に取り組む。特に，高い**自己効力感**（self-efficacy）を持つ学習者であれば，その効果は高い。自己効力感とは，求められる結果を達成するための能力が自分にあるかどうかという個人の信念や確信のことである（Bandura, 1977, 1986）。課題解決により達成感を味わい，成功経験を積むことによって自己効力感は高まる。たとえ失敗しても，諦めずに粘って頑張ったという経験が自己効力感につながることもある（速水，2010）。過去に自分で実際にやり遂げたという経験は，自己効力感の源泉の中で最も強力なものである（Bandura, 1977）。文法説明と機械的な練習に終始するのではなく，FonF活動を取り入れることで学習者の自己効力感を高め，段階的により現実的なタスクにまで発展できるような授業展開が学習者の到達目標を明確化し，動機づけを維持することにつながると考えられる。

　実際にコミュニケーションを図る活動を授業で実施する場合，教師の授業マネージメント力が求められることになる。その際に最も重要なことは，学習者がコミュニケーションをしたいと思う気持ち（Willingness to Communicate, WTC）を大切にすることである。教師が英語の授業で積極的に学習者と英語でコミュニケーションをしようとせずにコミュニケーションを図る活動をさせるだけでは，学習者が他の動機に支えられていない限り，学習者のWTCは次第に薄れてしまうであろう。WTCは，特定の相手とコミュニケーションをとりたいという願望や，特定の状況でのコミュニケーションへの自信に影響される（MacIntyre, Clément, Dörnyei, & Noels, 1998）。教師がモデルとなり，英語でコミュニケーションをとりたいと学習者に感じさせるような学習環境を生み出すことが重要なのである。活動が学習者にとって身近な内容であったり興味深いものであれば，学習者は活動に取り組むことに価値を見出し，粘り強く課題を達成しようとする。

　本書で提案しているFonF活動は，実際の英語によるコミュニケーションを体験できるシミュレーション的な活動であり，学習者のWTCを阻害することなく成功経験を積ませることができる。成功経験で高められた自己効力感によってコミュニケーションへの不安は軽減し，WTCは一層高まると考えられる。英語を使ってみたいと思えるようなクラスの雰囲気作りを重視しながら，各活動で指示を的確に出し，学習者同士のインターアクションを見てフィードバックを与えるなど，自己効力感を高めつつ臨機応変にやり取りできるような授業運営が1つの理想的な形である。

第3章 「フォーカス・オン・フォーム」アプローチの具体例

3.1 授業の流れ

　第3章では，第1章の1.4で取り上げた習得が困難と考えられている文法項目を中心に，8つの対比項目（3.2.1〜3.2.8）の指導例を紹介する。それぞれに，教室で行う「文法説明」，「プラクティス」，「FonF活動」を具体的に提示してある。

　表1は，3.2で紹介する8つの対比文法項目の活動についてまとめている。活動時期は，多くの教科書で取り扱われている目標文法項目の学習時期を考慮して設定してあるが，指導時期に応じて実際とは異なることもある。また，活用方法としては，記載されている活動時期に関わらず，復習として，あるいは，学習者のペアを変えるなどして複数回用いることも可能である。また，各項目には，第2章2.2.6で具体的に説明しているFonFのどの手法を用いた活動であるのかを明記している。

3.2 各対比文法項目の指導

　「文法説明」においては，生徒が説明の内容を理解しやすいように，文法用語の使用は最小限に抑えている。また，どのように目標文法項目を導入し指導すればよいのかを，教師（T）と生徒（S）・生徒全員（Ss）とのインターアクションの形で具体的に提示している。その際，比較的多く見受けられる生徒の誤りを予測し，説明やフィードバックを「説明の具体例」と「生徒とのやり取りの例」に組み込んでいる。

　英文やイラスト等は，必要に応じて，拡大コピーして黒板に提示，あるいは，プレゼンテーションツールに取り込み活用するとよい。

表1 各対比文法項目と活動で取り扱う技能

特徴項	活動時期	対比文法項目	プラクティスで取り扱う技能	FonF活動で取り扱う技能 [FonFの手法]
3.2.1	中1以降	be動詞と一般動詞	Speaking	Reading & Writing [Input Flood]
3.2.2	中2以降	疑問詞が主語の場合と目的語の場合	Listening	Listening & Writing [Input Flood & Focused Task]
3.2.3	中2以降	SVOとSVOO	Listening & Speaking	Listening & Speaking [Task Activity]
3.2.4	中2以降	不定詞（副詞的用法と形容詞的用法）	Listening	Speaking & Listening [Task Activity]
3.2.5	中3以降	分詞による後置修飾と前置修飾	Writing	Listening & Speaking [Task Activity]
3.2.6	中3以降	関係代名詞（主格と目的格）	Reading	Reading & Writing [Focused Task]
3.2.7	高1以降	自動詞と他動詞	Writing	Reading & Speaking [Input Flood & Input Enhancement]
3.2.8	高1以降	過去形と過去完了形	Reading	Listening & Writing [Dictogloss]

　各項目では，他の技能や別の言語活動への展開が可能となるように，指導上のヒントを載せている。また，アメリカ英語とイギリス英語の語彙の違いなどの言語的特徴について，生徒に情報を提供できるように，カルチャーノート（コメント中の*Cultural Notes*）等で取り上げている。

　文法説明で使用する語彙は，教科書で扱われているものを原則として使用している。しかし，目標文法項目の特徴が顕著に現れ，その言語使用ができる限り自然となるような場面を設定しているため，未習語彙が含まれている場合がある。必要に応じて，未習語彙を別の単語で言い換えたり，日本語での補足説明をするなどの支援が必要となる。

3.2.1 be動詞と一般動詞

〈文法説明〉

> 説明のポイント
> - be動詞（am, is, are）の指導では，主語の人称との一致が強調され，生徒は一般動詞と混同している場合が多いので，一般動詞と対比した指導とする。
> - be動詞は存在や状態を示す語を補語としてとることを，イコール（＝）の記号を使って視覚的に理解させる。
> - １つの文には原則としてbe動詞と一般動詞のどちらかが使われることを理解させるために，一般動詞には「be動詞ではない」（✖）の記号を使用する。
> - be動詞と一般動詞のhaveやlikeなどを対比して提示し，混同すると意味が異なってしまうことを理解させる。

〈説明の具体例〉　　T：教師　　S：生徒　　Ss：生徒全員

T：Look at this picture.（イラストAを貼る）This is Jane. She is a friend of mine. She is American.

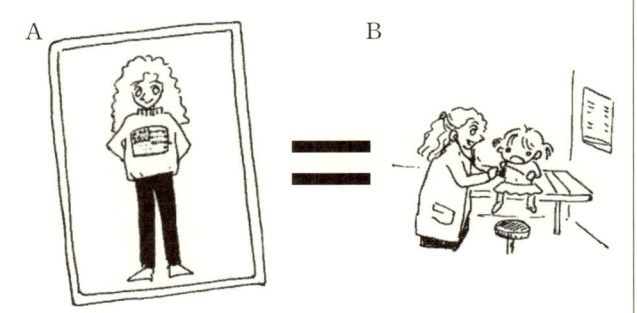

A　　　　　　　　B

T：（イラストBを貼りながら）She ...*1
S：（＝の記号を貼りながら）She is doctor.
T：That's right. She is a doctor.*2
　　この写真からJaneについてわかることはありますか？
S：Pretty!

＊1　最初の一語のみを，言い，その後を生徒たちが続けて発話するように誘いかけます。

＊2　生徒の発話文，She is doctor. のように，冠詞を落とす誤りはよく見られますが，目標文法項目ではないので，ここでは，さりげなく冠詞aを入れて修正します。
　　後出の三人称単数形の誤り，*Ken play soccer. も同様です。

T：I think so, too. She is pretty.（こう言いながら，＝の後にイラストCを貼る）

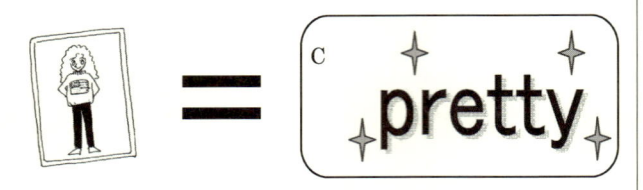

T：Repeat after me. She is pretty.
Ss：She is pretty.
T：他にはありませんか？
S：She is long hair.
T：Long hair. Right.*3 She HAS long hair.*4
T：「ジェインはきれい。」はJane自身がprettyなのでJane is pretty. でO.K.ですが，「ジェインは髪が長い。」でisを使うと（イラストDを貼る）こんな意味になります。「ジェインという人間が髪の毛と＝(イコール)なんてありえませんね。（＝の上に×印を重ねて貼る）この場合はhasを使います。Hasはどんな意味でしたか？

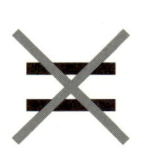

S：持っている。
T：そうですね。ジェイン＝(イコール)長い髪の毛ではなくて，haveやhasを使って「ジェインは長い髪の毛を持っている」と英語では表現します。be動詞のisは，prettyのような状態を表す語が後に来ます。では，「ジェインは背が高い」はどう言いますか？
S：Jane is tall.
T：Yes. She IS tall.*5 She is 175cm tall.

*3 FonFアプローチでは，生徒の発話に文法的な誤りが含まれていても，コミュニケーションを阻害しないようなやり取りが大切です。

*4 *She is long hair. が誤りであることに気がつかない生徒が多いと思われます。これは，焦点を当てるべき内容ですから，HASを強調して発音します。また，なぜShe is long hair. ではいけないのかを，考えさせたり説明したりします。

*5 「本当に背が高いのです。」という意味を込めて，写真を示しながらisを強調して言います。

では「ジェインは目が大きい」は？
S：Jane is, ... has big eye.
T：is？ has？どちらですか？英語の文は，be動詞と一般動詞はどちらか一方を使うのが基本ですよ。（次の図を示してbe動詞と一般動詞を縦に並べ，両者を同時には使用しないことを確認する）*6
S：…

*6 1つの文に動詞は1つが基本であることを押さえましょう。

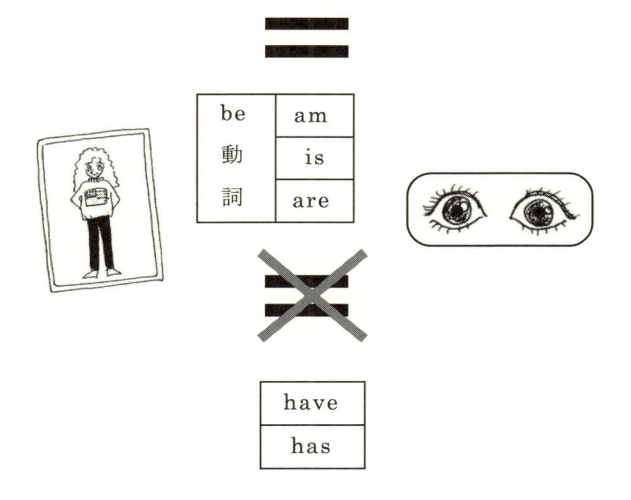

T：ジェインは目だけということはありえませんね。英語では「ジェインは大きな目を持っている」といいます。そうすると，Jane … ？*7
S：Jane has big eye.
T：That's right! Repeat after me. Jane HAS big eyes.*8
Ss：Jane has big eyes.
T：Perfect. Now, look at this picture. You can see a boy. His name is Ken. Ken is Jane's son. What can you tell about Ken?

*7 生徒が沈黙してしまったらヒントを出して発話を促します。
*8 複数形に修正して言います。今回の文法説明のポイントですから，HASを強調して発音します。

S : Ken is ... is?*⁹ Ken play soccer.

T : That's right. Ken plays soccer. He likes soccer very much.*¹⁰
How old do you think Ken is?*¹¹
S : Ten?
T : Actually, eight years old. He ...*¹²
S : He is eight years old.

T : Yes. Ken is eight years old*¹³. Jane and Ken are coming to Japan this summer. I'm so happy.

指導上のヒント

先の〈文法説明〉に加えて，be動詞と一般動詞のlike（図1と図2）を対比させ，isとlikeを同時に使用すると，図3のように「山田さんは，スーパーマンみたいだ。」という意味になってしまうことに気づかせる指導を行うと，後の活動の内容が充実する。*¹⁴さらに，Superman（スーパーマン）と a superman（何でもできるすごい人）とい

*9 迷っている場合は，先ほど使用した＝と⨯のカードを示して，どちらを使うのか判断させます。

*10 ⨯のマークをKenとサッカーの間に貼って，⨯は，一般動詞であることを示すため，playsだけでなくlikesも使います。

*11 How oldとKenをはっきり発音すれば，生徒は質問の意味はわかることが多いものです。

*12 isが使えるかどうか確認するために，この後を言わせるように促します。

*13 イメージ＝をもう一度使い，＝と 8 years oldのカードを貼りながら，この文を言います。

*14 「1つの文にbe動詞と一般動詞はどちらか一方を使うのが基本」という原則を思い出させ，図3の文のlikeは一般動詞にはなりえないことを確認します。さらに，図の中の＝記号を≒に変え，Mr. Yamada is like a superman. のカードを貼ります。

う意味の違いに気づかせることもできる。

Mr. Yamada is Superman.

図1

Mr. Yamada likes Superman.

図2

Mr. Yamada is like a superman.

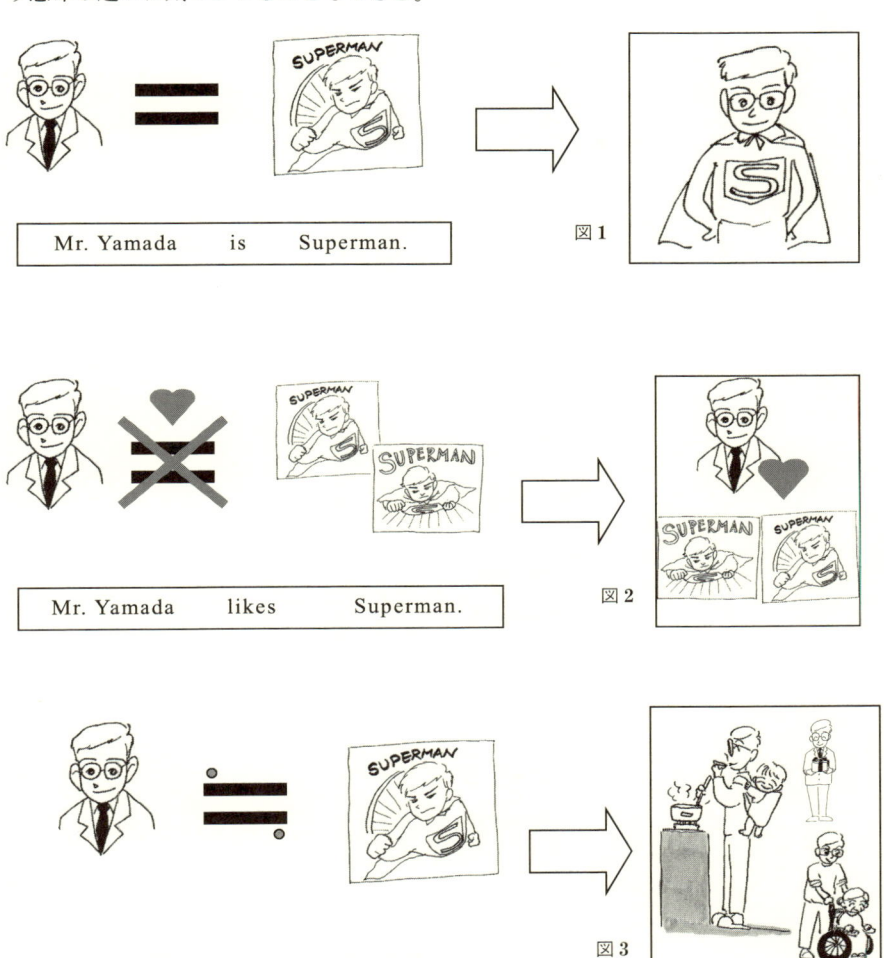

図3

「be動詞と一般動詞」のプラクティス

技能 Speaking（口頭練習）

目的 be動詞と一般動詞（have / like）のどちらかを使って，文を作り，言うことに慣れさせる。

手順
1. 絵をプレゼンテーションツール，もしくは黒板に貼って提示する。
2. プレゼンテーションツールのアニメーション機能で，＝か×を出すか，絵を黒板に貼るのと同時に，全体，列，個人に口頭でbe動詞または一般動詞（have / like）の文を言わせる*15。

*15 プレゼンテーションツールを利用する場合は，生徒が文を言った後に，絵の下に字幕を出して，再度，英文を見ながら言わせると練習効果が高まります。

1. Mr. Kelly ＝ tall

2. Shiro ×

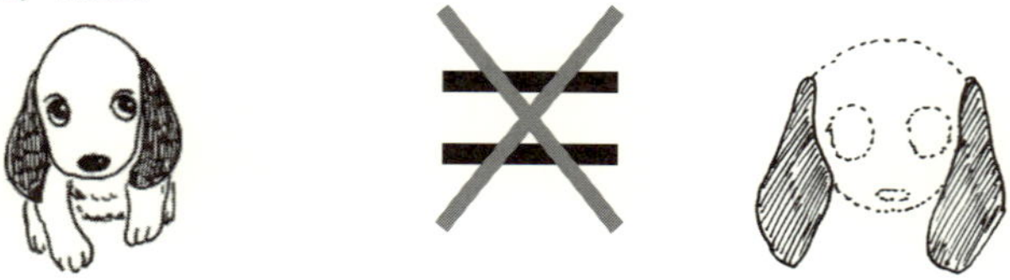

3. Mr. Sato ＝ a businessperson

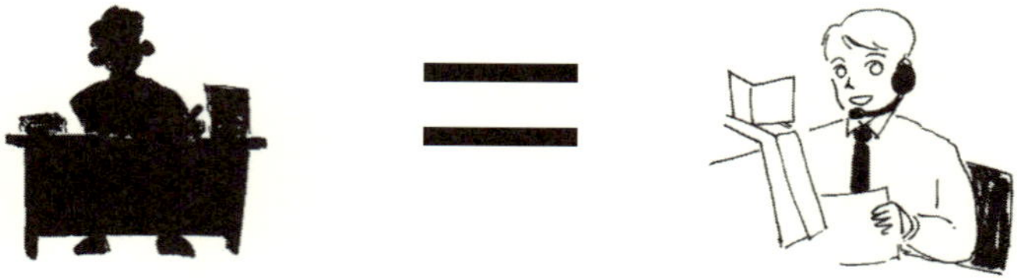

第3章 「フォーカス・オン・フォーム」アプローチの具体例　81

4．The wall ＝ long

5．Hawaii ≠ beautiful beaches

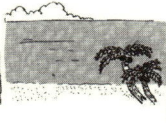

6．Billy ♥≠ ice cream

7．Eddy ♥≠ cats

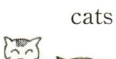

8．This dog  ＝ small

9．Nancy ≠ a lot of bags

10. My grandmother   =   80 years old

〈生徒とのやり取りの例〉
T：Now, you know this (=) and this (≠).*16 Let's try making sentences. How about this? No. 1. Mr. Kelly ...?
S：Mr. Kelly is tall.
T：Right. Then, No. 2.
S：Shiro is ...
T：IS?*17
S：Shiro has long ears.
T：That's right. Shiro HAS long ears*18. He IS cute.*19

解答
1. Mr. Kelly is tall.
2. Shiro has long ears.
3. Mr. Sato is a businessperson.
4. The wall is long.
5. Hawaii has beautiful beaches.
6. Billy likes ice cream.
7. Eddy likes cats.
8. This dog is small.
9. Nancy has a lot of bags.
10. My grandmother is 80 years old.

指導上のヒント

≒のイメージを使って「is like ～（～のようだ）」の表現を教えておくと（第3章3.2.1の図3参照），次のような活動をすることができます*20。

*16 黒板のマークを示しながら話します。
*17 誤りの箇所を繰り返して強調して言うことで，その箇所が問題であることに気づかせ，生徒が自力で修正するように仕向けます。
*18 正しく言えたら褒めて，正しい文を繰り返して言います。
*19 さらに，isを使った文をインプットします。コミュニケーションの中で，形式が意味する内容を理解させる機会をできるだけ多く設けます。そうすることにより，プラクティスがより意義のあるものになります。
*20 それぞれの絵を使って，文を使って言わせたり書かせたりするならば，プラクティスとなります。この活動では，A，Bどちらの絵にもMr. Yamadaとsuperman, Lin LinとPandaが入っており，学習者は，is likeやisなどの言語形式（下線部）に注意を払わなければ英文が意味する絵を選ぶことができません。従ってこれは，Input Processingの手法を取り入れたFonF活動になります。

★今から聞く英語はA，Bのどちらの絵を表しているでしょうか。
（聞く英語）*21

1．Mr. Yamada <u>is like</u> a superman.
A   B

2．Lin Lin <u>is</u> a panda.
A   B

「be動詞と一般動詞」のFonF活動*22

技能	Reading & Writing
目的	be動詞と一般動詞のhaveやlikeなどが使われている英文を理解し，それぞれを適切に使い分けて文を書くことができるようにする。
手順	1．スポーツファン・パーティーに招待する人を選ぶように指示する。 2．ワークシートを配り，8人のプロフィー

*21 読ませて絵を選ばせる活動にすることもできます。

*22 この活動では，Input Flood と呼ばれる，FonFの手法（第2章 2.2.6参照）を用いています。be動詞と一般動詞のhaveやlikeなどを多数使って書かれた8人のプロフィールを読み，3人を選びます。推薦者リストに理由を書くときに，be動詞と一般動詞のhave, likeなどを使って文を書くことになります。

ルを読ませる。
3．「推薦者リスト」に招待したい3人を選び，理由を書かせる。

スポーツファン・パーティー

★あなたは来月行われるパーティー「スポーツファン・パーティー」の実行委員をしています。委員は手分けをしてパーティーに招待する人を決めています。次の8人のうち，招待したい人を3人選び，「推薦者リスト」を作りましょう。

★パーティーでは，**バスケットボール大会**と**一芸披露大会**が行われます。どちらかに参加できそうな人を選びましょう。

推薦者リスト

★英語で書きましょう。

名前	理由

1. Jun is 12 years old. He is Japanese.
   He is not tall, but he is a good soccer player.

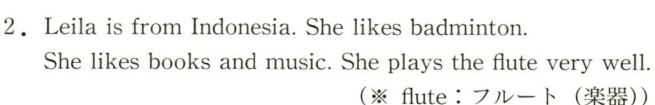

2. Leila is from Indonesia. She likes badminton.
   She likes books and music. She plays the flute very well.
   　　　　　　　　（※ flute：フルート（楽器））

3. Mei is from China. She likes dancing very much.
   She is a good dancer. She is 15 years old.

4. Jin-ho is from Korea. He is 16 years old.
   He is very tall. He is good at playing the guitar.
   He has a nice guitar.

5. Yuji is from Okinawa. He is tall.
   He likes swimming. He is 14 years old.

6. Mary is 18 years old. She is from the U.K.
   She is tall. She plays tennis. She likes dancing, too.
   　　　　　　　　（※ the U.K.：英国）

7. Ben is an American businessperson. He likes baseball.
   He has big blue eyes. He always says funny things.
   He is like a comedian.
   　　　（※ funny：おもしろい，comedian：お笑い芸人）

8. Junko is a high school student. She speaks English well. She runs very fast. She plays the piano, too.

〈生徒とのやり取りの例〉

T : Who do you have on your list?[*23]
S : Jun.
T : Jun? Why?
S : He likes soccer.
T : Is he a sportsman?[*24]
S : Yes.
T : O.K. Everyone, do you think so? Should Jun go to the party?
S : Yes.
T : All right. Who else?
S : Mei.
T : Do you mean the Chinese girl?
S : Yes.
T : Does she like sports?
S : Yes. Dancing …
T : Is dancing a sport?
S : ダンスってスポーツじゃないの？
T : What do YOU think? Is dancing a sport?[*25]
S : Yes. Dancing is sports.だって疲れるもん。[*26]
T : Really. You think that dancing is a sport. Dancing is hard work.[*27] I see. That's a good point. Has anyone picked Ben?
S : No.
T : Why not?
S : Ben is comedian.
T : Ben IS a comedian?[*28]
S : Yes.[*29]
T : Ben is a businessperson. Ben is funny. Ben IS

[*23] Who have you chosen? や Who have you picked? がより自然な表現ですが、リストを指差しながらであれば、この言い方でも不自然ではありません。

[*24] 生徒はプリントに書いてある英語をそのまま読む傾向があるので、他の表現を使用します。短い文でよいので、より実際のコミュニケーションに近いやり取りを行うことが大切です。

[*25] この活動に「正解」はありません。自分の考えを表現させましょう。

[*26]
Cultural Notes:
スポーツやフルーツなどは外来語として日本語となっていますが、英語では、単数形の場合、a sport / a fruitとなります。

[*27] 教師は、生徒が知っている語を使って、目標文法項目をできる限り多く使用しましょう。

[*28] 聞き返して、isの意味が＝であることを思い出させます。

[*29] isではいけないことがわかっていない様子であれば、さらに次のように説明して、is likeの使い方を思い出させます。

　　　　LIKE a comedian.*30
　S：Yes. Ben is like a comedian.*31

> 解答例

名前：	理由
Jun：	He is a good soccer player.
Mei：	She is a good dancer.
Ben：	He likes baseball.
	He is like a comedian.

> 指導上のヒント

・「推薦者リスト」の理由の欄は箇条書きにしている生徒が大多数であると思われるので，生徒とのインターアクションの後,「自分が選んだ3人をパーティーの実行委員長に報告するメールを書く」という，まとまった英文を書くタスクを設定すると，より現実的になる。

*30 ここで, is like （〜のようである，〜に似ている）は目標文法構造ではないため，Benに関するやり取りは生徒の習熟度に応じて取り入れてもよいでしょう。

*31 教師のまねをして，このように言うようであれば大成功です。これはアップテイク（up-take）と呼ばれ，言語習得に貢献すると考えられています。

3.2.2 疑問詞が主語の場合・目的語の場合

〈文法説明〉

> 説明のポイント
> ・疑問詞が主語の働きをする場合と，目的語の働きをする場合の語順の違いに気づかせる。
> ・何が質問の焦点になっているのかをイラストの 🤔 の位置をヒントに考えさせ，尋ねたい事柄が主語（何が，誰が）にあたる場合と目的語（何を，誰を）にあたる場合の語順を理解させる。

〈説明の具体例〉　　T：教師　　S：生徒　　Ss：生徒全員

T：They are students at ABC Junior High School.
　　（イラスト①を貼る）

　　This is Mayo. She is very popular at school.
　　（イラスト②を貼る）

T：Many students know Mayo. Who likes Mayo?
　　（イラスト③を貼る）

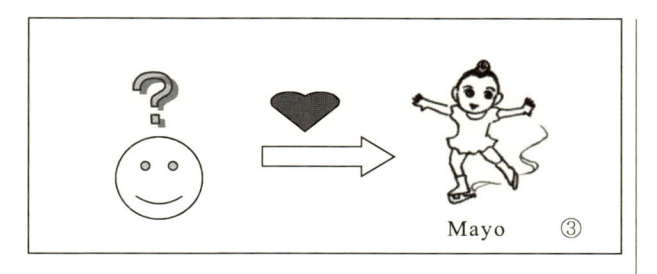

第3章 「フォーカス・オン・フォーム」アプローチの具体例　89

```
   ?        ♥ ⇒   
  ☺              Mayo ③
```

T：Who likes Mayo?（イラスト③の上方にイラスト④を貼る）

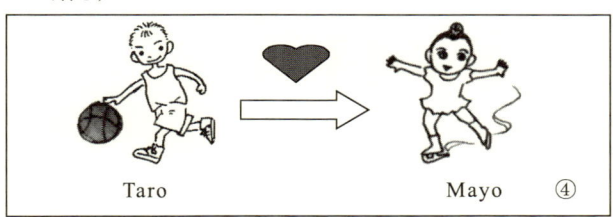

```
  Taro     ♥ ⇒   Mayo   ④
```

S：Taro.
T：Right. Taro likes Mayo.
　先生が言った質問をもう一度言ってみましょう。
Ss：Who likes Mayo?
T：「誰が」という情報が分からなかったのですね。
　（イラスト③の下に，以下を板書する）*32

```
  ?     likes Mayo.
  ↓
  Who   likes Mayo?
  誰が  Mayo を 好きなのですか？
```

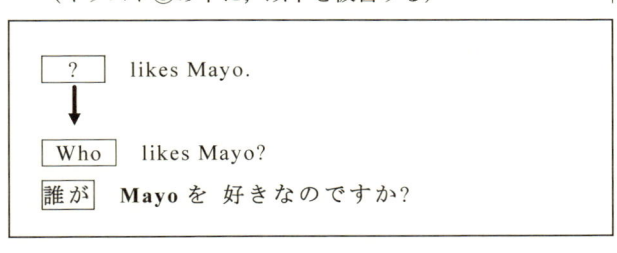

T：But Mayo likes somebody else. 誰をMayoは好きなのかな？*33
　英語でどのように言うでしょう。（イラスト⑤を貼る）

*32　イラスト③とここで板書した英文は，消さずに残しておきます。後で，疑問詞が目的語の働きをする例として挙げるイラスト⑤と例文を並べてみることができるようにするためです。

*33　ここでは，語順に焦点を絞れるように疑問詞をwhoに統一しています。ただ，生徒の状況に応じて，イラスト⑤の☺を？という「物」のイメージに変えWhat does Mayo like?というようにwhatを用いた文も紹介することができます。

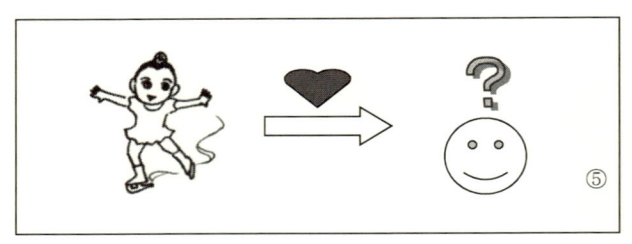

[イラスト⑤]

S：Who ...
S：Who likes ...
S：Who Mayo likes?
S：Who do you ...? あなたが誰を好き，じゃないな。*34
　　Who ...?
T：Who does ...*35
S：Who does Mayo like?
T：そうですね。Who does Mayo like?
　　（イラスト⑥をイラスト⑤の上方に貼る）

[イラスト⑥ Mayo → Yuta]

S：Yuta.
T：そうですね。Who does Mayo like?では，「誰を」ということが分からないのですね。
　　（イラスト⑤の下に，以下を板書する）

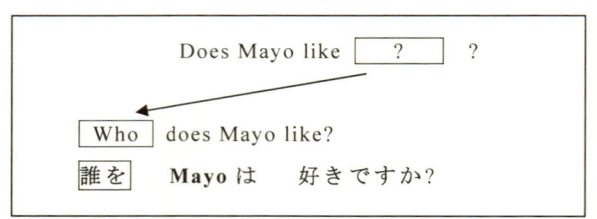

```
        Does Mayo like  [ ? ]  ?
                        ↙
        [Who]  does Mayo like?
        誰を      Mayo は   好きですか？
```

誰を という情報が分からない時はWho does Mayo

*34 既習の一般動詞の疑問文（Does ＋ 主語 ＋ 動詞 ～？）を聞かせた後で，疑問詞が目的語の働きをする疑問文を提示することも考えられます（Celce-Murcia & Larsen-Freeman, 1999, p. 255 参照）。例えば，Does Mayo like ... の後に少し間をおいてから，Taro? Does Mayo like ... who?と問いかけ，目的語にあたる情報が分からないということを意識させた後で，Who does Mayo like?という英文を提示することも可能です。

*35 一人の生徒が英語で答えようとする際，最後まで英文を言えない場合があります。そのような時，教師が英文を言ってしまうのではなく，ヒントを与えたり，他の生徒に文を続けさせるなどして英文を完成させる機会を与えることが大切です。

like?のように，Whoの後に，does Mayo like?という質問の形がきますね。
T：もう一度，イラスト③と⑤を見て下さい。*36

🎱の位置が違いますね。Who likes Mayo? とWho does Mayo like? では🎱の位置が異なるように，分からない情報が違いますね。Who likes Mayo? で分からないのは何でしたか？

*36 疑問詞が主語の働きをする場合と目的語の働きをする場合を，改めてイラストのイメージから比較します。疑問詞が主語の場合に使用したイラストと板書については黒板の左半分を使用し，目的語の場合のイラストと板書は黒板の右半分を使用するなど，両者を比較できるようにしておくと，最後のまとめとして理解させやすいでしょう。

◆最終的な板書のイメージ

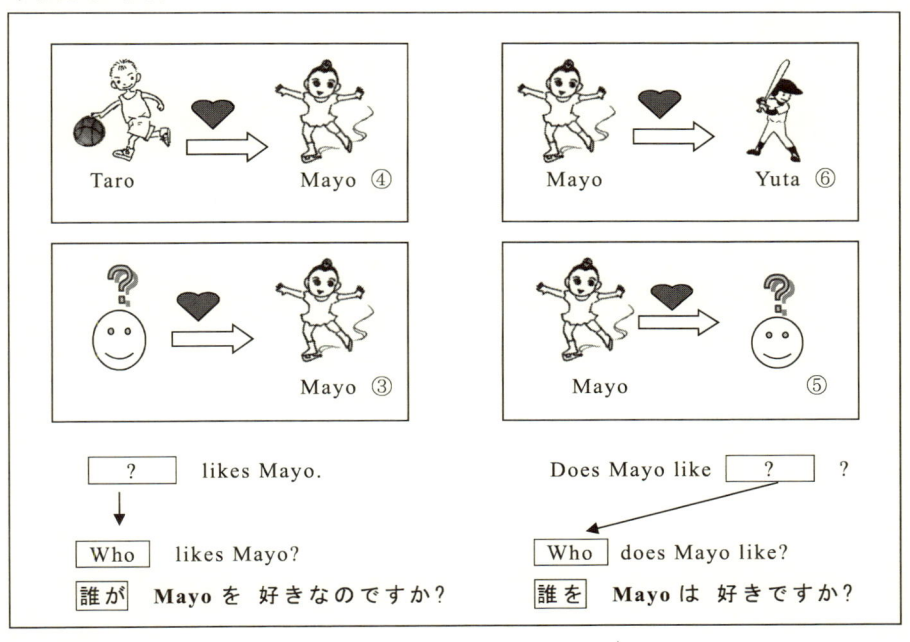

| | Taro ❤ ➡ Mayo ④ | Mayo ❤ ➡ Yuta ⑥ |
| | ❓ ❤ ➡ Mayo ③ | Mayo ❤ ➡ ❓ ⑤ |

?	likes Mayo.	Does Mayo like	?	?
↓			↙	
Who	likes Mayo?	Who	does Mayo like?	
誰が	Mayo を 好きなのですか？	誰を	Mayo は 好きですか？

S：誰が
T：そうですね。「誰が」という情報が分からないときは，Who likes Mayo?のように，Whoのすぐ後に動詞が来るのですね。

指導上のヒント

疑問詞（how, what, who, whichなど）を用いた英文には，How is everything? What happened? Who did it? Which do you like?など，日常会話で定型表現として用いられているものも多い。既になじみのある表現を用いて，疑問詞が主語，目的語，補語などの働きをする場合の語順の違いについて意識させると理解させやすい。

「疑問詞が主語の場合・目的語の場合」のプラクティス

技能 Listening
目的 疑問詞が主語の働きをする場合と目的語の働きをする場合の文が表す意味の違いに気づかせる。
手順
1. 教師がクイズを読む。
2. クイズに関するイラストを黒板に貼ったり，プレゼンテーションツールで提示したりする。
3. クイズの答えの選択肢を提示する。

1. What eats frogs?*37

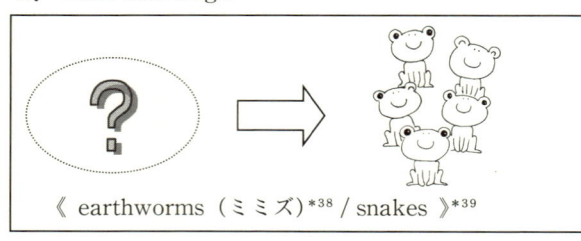

《 earthworms（ミミズ）*38 / snakes 》*39

*37 生徒の状況に応じて，生徒が興味を持っている内容（例えば，有名人やキャラクター名を用いて，Who loves *Shizuka-chan*?とするなど）をクイズに取り入れることもできます。

*38 ここでは疑問詞の語順の学習に焦点を当てていますので，選択肢で使用する未習語の意味を日本語で提示しています。

*39 文法説明の際に使用したクエスチョンマークのイメージを利用して，クエスチョンマークの位置から何が質問の対象となっているかに注目させます。疑問詞が主語になっているか目的語になっているかを理解しなければ，正答を得られないような選択肢を示すことで，疑問詞の後の語順に意識を向けさせます。

2．What do frogs eat?*40

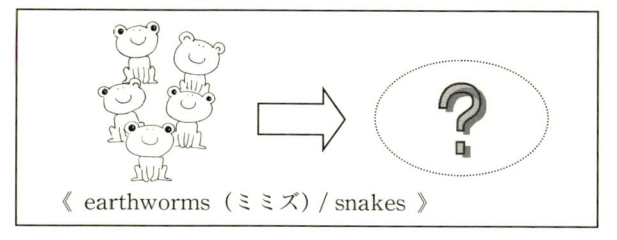

《 earthworms（ミミズ）/ snakes 》

3．What goes around the earth?

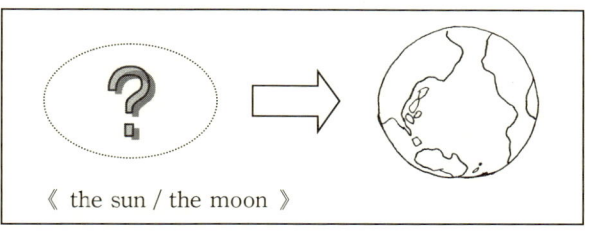

《 the sun / the moon 》

4．What does the earth go around?

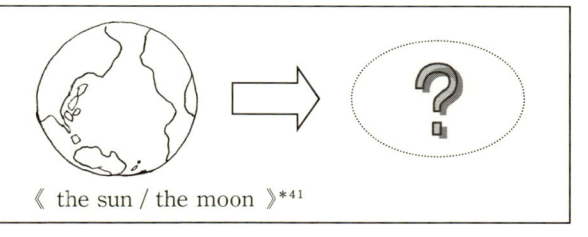

《 the sun / the moon 》*41

5．What beats scissors?

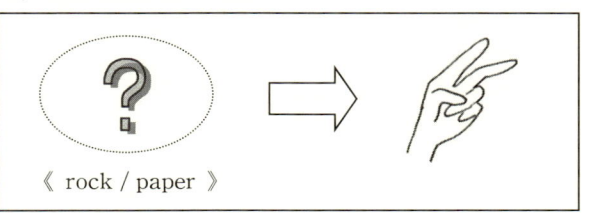

《 rock / paper 》

*40 問題「1と2」，「3と4」，「5と6」の質問は，それぞれ疑問詞が主語，目的語の働きをするように対比させて作成しています。実際にクイズを出す際には，それぞれ「1か2」，「3か4」，「5か6」のどちらかを出題したり，出題の順番を変えるなどします。

*41 問題3の，What goes around the earth? という英文と比較し，「地球が回る」のか「地球の周りを回るのか」，という意味の違いを再度明確にしておくことが大切です。

6．What do scissors beat?

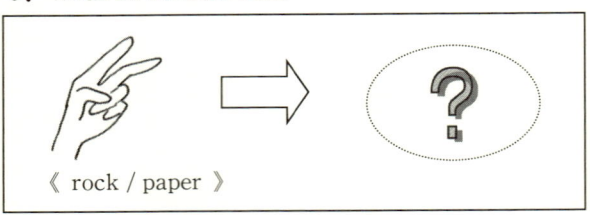

《 rock / paper 》

|解答|
1．snakes　2．earthworms　3．the moon
4．the sun　5．rock　6．paper

〈生徒とのやり取りの例〉
T：Question no. 1. What eats frogs?
S：Earthworms?
T：Earthworms eat frogs?
S：カエルがミミズを食べるんだから，逆じゃない？
T：I'll ask you the question once again. What eats frogs?
S：誰がカエルを食べるか？　だから，snakes.
S：Snakes eat frogs.
T：That's right.

指導上のヒント

・クイズを印刷したものを生徒に配布し，解答するように指示すれば，リーディングのプラクティスとしても実施できる。生徒にクイズを作成させればライティングの，クイズ大会を企画して生徒が出題すればスピーキングのプラクティスとすることもできる。

・さらに，クイズのバリエーションとして，文法や語彙の学習が進めば，What is cheese made from?と受け身の文や，How many legs does a spider have?と疑問詞(how)＋名詞を用いるなど，様々なバリエーションのクイズを出すことができる。

・文法説明で用いた，Who likes ...? Who does ... like? の英文のプラクティスとして，以下のようにイラストを見ながら英文を書かせることもできる。

☆　誰が誰のことを好きなのでしょうか。
　　イラストを参考にし，AとBの会話を完成させましょう。

　　（例）　　A：Who likes Ken?
　　　　　　　B：Miku and Saki.*42
(1)　A：Who does Taro like?
　　　B：_____.
(2)　A：Who _____ like?
　　　B：Miku.
(3)　A：Who _____?
　　　B：Taro.
(4)　A：_____ like?
　　　B：Yuta.
(5)　A：_____?
　　　B：I have no idea.

*42　他に，Miku and Saki do. という答え方についても触れることができます。

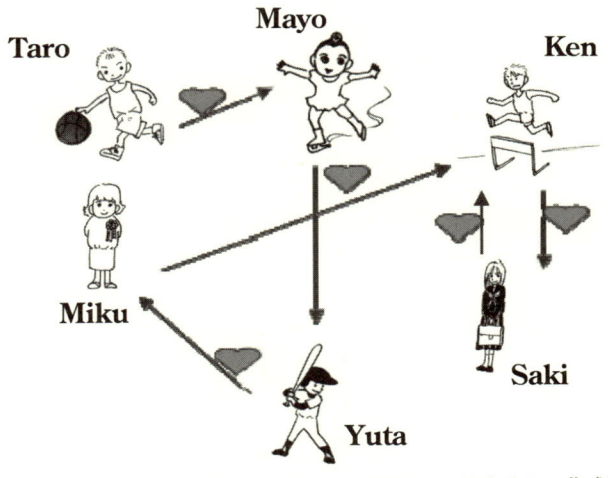

（Swan & Walter, 2001, p. 110 をもとに作成）

解答
(1) Mayo
(2) Who does Yuta like
(3) Who likes Mayo
(4) Who does Mayo like
(5) Who likes Taro

「疑問詞が主語の場合・目的語の場合」のFonF活動[*43]

技能	Listening & Writing[*44]
目的	疑問詞が主語の場合と，目的語の場合の意味の違いを理解させる。
手順	1．新しく来る予定のALT[*45]と教師の会話を聞かせる。[*46] 2．〈ワークシート1〉に聞き取れた情報を記入させる。 3．〈ワークシート2〉のすべての欄に記入できるよう，必要な情報を得るための質問を各生徒に英語で作成させる。 4．生徒に質問をさせ，教師が答える。 5．ワークシートに記入した情報をもとに，ALTを紹介する英文を書かせる。

T：私たちの学校に新しくALTのマイク・クルーズ先生が来ることになりました。先に，マイク先生とお会いして色々と先生のことを聞いてきました。
　先生とマイク先生の会話を聞いて，ワークシートに分かった情報を記入してください。(〈ワークシート1〉を配布し，会話を聞かせる)

〈スクリプト〉[*47]　　T：教師　　M：Mike Cruise（ALT）

T：Hello, Mike. Welcome to our school.
M：Thank you.
T：When did you arrive in Japan?
M：Today.
T：Are you tired?

[*43] この活動は，Input Flood と Focused Taskの手法を参考にした活動です。活動の課題であるALTの紹介を書くために，疑問詞を用いた英文を使用しなければならない点がポイントです。

[*44] 本活動の中には，生徒が英語で質問をする機会がありますが，事前に作成した質問をするという意味で，実際のspeakingとは異なります。そのため活動がねらう技能にspeakingは入りません。

[*45] ALT以外に，地域のボランティア，姉妹校の生徒，有名人など，学校の状況によって設定できます。

[*46] 会話を聞かせるのではなく，スクリプトを生徒に読ませることも可能です。その場合，教室外での現実的なタスク（real-world task）との類似性が低くなりますが，外国語教育に有効な教育的タスク（pedagogical task）として活用することも可能です。

[*47] スクリプトを生徒に読ませる場合は，疑問詞を用いた質問に下線を引かせるなどして，疑問文に意識を向けさせることも可能です。

M：No, no.
T：Good. Are you going to start teaching next month?
M：Yes. I can't wait.
T：What did you do in your country?
M：I was a musician.
T：What musical instrument do you play?
　　　　　　　（※ musical instrument：楽器）
M：I play the guitar, the piano, and the *samisen*.
　　　　　　　　　（※ *samisen*：三味線）
T：The *samisen* is difficult to play. Who taught you the *samisen*?
M：My wife did. She is Japanese, and she is a *samisen* player.
T：When did you start to learn it?
M：Last year.
T：Do you like Japanese culture?
M：Yes, I like *anime*[48] very much.
T：What *anime* do you like best?
M：Well, "Tonari no Momoro" is my favorite.
T：Who made it?
M：Yamazaki Hayao.
T：Ah, I know. His movies are very popular in Japan, too.
M：Look, I have a picture of Momoro on my sweater! This is handmade.
T：Nice sweater! Who made it?
M：My wife did.
T：Really? Well, we are looking forward to seeing you at school.

[48] Cultural Notes:
日本のアニメは，最近では英語でanimeとして浸透しています。

〈ワークシート１〉

マイク・クルーズ先生の情報を英語でメモしよう	
① 先生が日本に来たのはいつ？	
② 先生はいつから日本で教えるの？	
③ 先生の日本に来る前の仕事は？	
④ 先生が演奏できる楽器は？	1. 2. 3.
⑤ 先生に三味線を教えたのは誰？	
⑥ 先生の好きなアニメは？	
⑦ 先生のセーターを編んだのは誰？	

T：実は，今聞いたこと以外にもマイク先生についていろいろ聞いてきています。マイク先生について質問を作ってみましょう。（〈ワークシート２〉を配布する）吹き出しにある情報が得られるような内容にしましょう。

解答
① today　② next month　③ musician
④ 1. guitar　2. piano　3. *samisen*
⑤ Mike-*sensei*'s / his wife　⑥ "Tonari no Momoro"
⑦ Mike-*sensei*'s / his wife

〈ワークシート２〉*49

例　日本に来たのはいつ？　When did Mike-sensei come to Japan?

① 出身地は？
② 好きな日本の食べ物は？
③ なぜ日本に来たの？
④ 年齢は？
⑤ 暇な時は何をしている？
⑥ ギターをマイク先生に教えたのは誰？

*49　生徒の状況によって，ペアやグループで質問を考えさせることもできます。個人で質問を作成させた場合は，全員の前で発表させる前に，ペアやグループで質問文を比較します。なぜそのような質問文を考えたかなど意見を交換することは，理解の助けとなります。

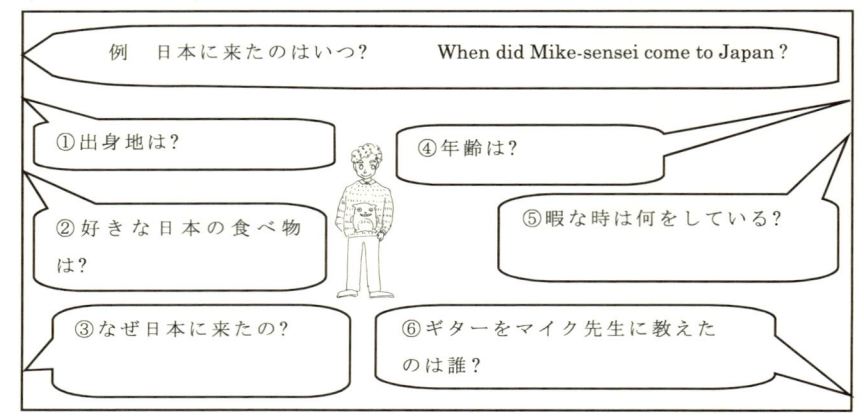

> マイク先生の情報　（教師用）
> ① Canada　　② *tofu*　　③ To visit his wife's family
> ④ 32 years old　⑤ He plays the *samisen*　⑥ his father

解答
① Where is he from?
② What Japanese food does he like?
③ Why did he come to Japan? / What brought him to Japan?
④ How old is he?
⑤ What does he do in his free time?
⑥ Who taught him the guitar?

〈生徒とのやり取りの例〉
T : What would you like to ask?[*50]
S : えっと，Why did he come to Japan?[*51]
T : What brought him here? He came here because his wife is Japanese.
S : I see.
T : Do you have any other questions?
S : What do you do?
T : What do ... you?[*52]
S : What does he do 暇な時？
T : In his free time?[*53]
S : What does he do in his free time?
　（すべての情報を生徒が〈ワークシート2〉に記入できた時点で，質問は終了する）
T : Now you have some information about Mike-*sensei*.
　Let's write about him in English.

[*50] 英語でやりとりを進める場合，教師が英語で言っていることは理解できても，英語で答えることは勇気がいるものです。しかし，英語でやり取りをすることで，コミュニケーションを楽しむ雰囲気が生まれるようにします。

[*51] 質問をする際，youからheに人称を変えるのが難しければ，教師がALTに扮しているという設定にし，What do you do?のようにyouを使用させることも考えられます。

[*52] 生徒の誤った発話を教師が繰り返すことで，生徒から正しい発話を引き出そうとする，repetitionというフィードバックの手法です。

[*53] 生徒が日本語で答えた内容を，教師が英語で言い換えています。こうすることで，生徒は「言いたかったこと」の英語表現を知ることができます。さらに，教師が板書したり，まとめたものを配布したりすることでクラスで共有することが大切です。こういった表現を蓄積し「言いたかったのに言えなかった表現集」を作成することで，類似の内容を言う機会があった際の参考にできます。

〈生徒が作成するALTの紹介例〉*54

> I would like to introduce Mr. Mike Cruise.
> He is our new teacher, and he is from Canada.
> He was a musician before he came to Japan.
> He can play the guitar, the piano, and the *samisen*.
> He likes *anime* very much.　His favorite *anime* is "Tonari no Momoro".
> We are looking forward to seeing him at school!

*54　実際にALTが来校する機会に合わせて活動を実施する場合は，学校新聞やホームページに英語で掲載するという目的で紹介を書かせると，活動がより現実的なものになります。

3.2.3 SVOとSVOO

〈文法説明〉

> 説明のポイント
> - 「〜に…を」(与える,教える,買うなど) を表す,SVOO と SVO + to (for) 〜 の文型はそれぞれ目的語の順序が異なることを理解させる。
> - 目的語の順序を誤ると意味が変わったり,意味を成さなくなったりすることに気づかせる。

〈説明の具体例〉　T：教師　　S：生徒

T：(ケンの絵を提示する) Let me tell you about this boy. This is Ken.

Ken

T：(「ケン」「gave」「some flowers」を順に提示しながら) Yesterday ... Ken ... gave ... some flowers ...

Ken　gave

T：Ken は花を誰にあげたのでしょうか。
S：わからない。
T：そうですね。では,こうするとどうでしょう。(「メアリー」のイラストを提示し,toを加える) Ken gave some flowers to Mary. (英文を提示する)

Ken　gave　　to　Mary

Ken gave some flowers to Mary.

T：これで，誰が何を誰にあげたかわかりますね。別の言い方でも，同じ状況を伝えることができます。（「ケン」gave「メアリー」「花」の順でイラスト*55を提示する。）

Ken　gave　Mary

Ken gave Mary some flowers.

*55　文法説明で使用するイラスト等はそれぞれ2枚ずつあらかじめ用意しておきます。

T：今度はどうなりましたか。
S：「花」と「メアリー」が入れ替わった。
T：他には？
S：toがなくなった。
T：そうですね。Ken gave Mary some flowers.（英文を提示する）ここで先ほどの文と比べてみましょう。もし，語順を間違えると，「花に」「メアリーを」あげるとなってしまいます。
T：では，次の絵を英語にするとどうなりますか。「ケンは花に水をやりました。」（イラストAを提示）

A　Ken

S：Ken gave the flowers some water.
T：もう一つの言い方だと？
S：Ken gave some water to the flowers.*56
T：そうですね。どちらの文の場合も，語順を間違えないことが大切ですね。もし間違えて，Ken gave some water the flowers. としてしまうと，こうなります。（さらにイラストBを提示）
Ss：え〜っ！

*56　より自然な表現としては，Ken watered the flowers.と言います。ここでは，SVOOの語順に焦点化するために，このような表現を用いています。

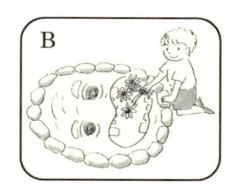

T：最後に，このように「〜に」「…を」と2つの目的語を取る動詞を確認しましょう*57。

> **指導上のヒント**
>
> 文法説明の確認として次のような例題を活用してみるとよい。

次の日本語の場合，どのような語順で表しますか。
〔　〕内の与えられた語句を（　　）に入れて，文を完成しなさい。
① トムがこの鈴を自分のネコにあげたと伝えるとき
（　　）gave（　　）to（　　）.
〔my cat / Tom / this bell〕
② メールを自分の友人に送ってもらいたいとき
Can（　　）send（　　）（　　）?
〔my friend / you / an e-mail〕
③ 妹がお母さんに夕食を作ったのか聞きたいとき
Did（　　）cook（　　）（　　）?
〔dinner / your sister / your mother〕
④ お父さんが弟に新しい自転車を買ったことを伝えたいとき
（　　）bought（　　）for（　　）.
〔my father / my brother / a new bike〕
⑤ 手の届かない塩を自分にまわしてほしいとき
Please pass（　　）（　　）.
〔the salt / me〕

*57 動詞によっては，I handed a bottle of water to Helen. のように，toが，また，I bought some chocolate for Rie. のように，forが用いられる場合があることをまとめるとよいでしょう。
〈目的語を2つ取る動詞の例〉
give, hand, lend, pass, read, send, show, teach, tell, writeなど
(SVOの場合は, to 〜を伴う)
buy, cook, find, makeなど
(SVOの場合は, for 〜を伴う)

> 解答
① (Tom) gave (this bell) to (my cat).
② Can (you) send (my friend) (an e-mail)?
③ Did (your sister) cook (your mother) (dinner)?
④ (My father) bought (a new bike) for (my brother).
⑤ Please pass (me) (the salt).

「SVOとSVOO」のプラクティス

> **技能** Listening & Speaking（口頭練習）
> **目的** SVOOの文とSVO + to (for) … の文を対比的に産出させることで，語順が異なることに気づかせる。
> **手順** 1．1から10までの英文を聞かせる。
> 2．聞こえてきた文の意味内容に沿って，「ものを」→「人に」，あるいは「人に」→「ものを」の順でイラストとイラストの間に矢印を引かせる。
> 3．引いた矢印を参考にして文を再現させる。*58

*58 生徒はどちらの語順で言われた英文が聞こえてきたかを判断し，矢印を描くことで，一度，意味に焦点を当てさせます。次に，元の文を再現することで，目的語の語順に意識を向けさせることになります。

〈スクリプト〉

例1： I gave some flowers to Lisa.
例2： I gave Lisa some flowers.
1．I will give Lisa this pen.
2．Chang teaches Chinese to Ken every Sunday.
3．Mary showed her sister some albums.
4．My mother always makes us cakes.
5．Nancy sent a letter to her mother yesterday.
6．Mike bought some flowers for Nancy.
7．My sister often brings Chang cookies.
8．We made our grandfather a scarf.
9．My grandfather reads this book to me.

10．Ken sometimes lends his bike to Mike.

〈生徒とのやり取りの例〉
T：今から皆さんに練習シートを配ります。まず，指示を読んでください。
S：…
T：やり方はわかりましたか。例を言います。例1 I gave some flowers to Lisa.次に例にならって聞こえてきた順に矢印を引きます。今の文では，「some flowers（ものを）」→「Lisa（人に）」の[59]順で聞こえてきたので，花からLisaに矢印を引きます。次に矢印を引き終わったら，I gave some flowers to Lisa.と自分で英文を言います。この文では，toを忘れないようにつけましょう。それでは，例2をやってみましょう。今から英文を言うので，矢印を描いて文を言いましょう。聞こえてきた英文に沿って矢印を引き，英語を再現してみましょう。I gave Lisa some flowers.
S：I gave Lisa some flowers.[60]
T：そうですね。今度は「Lisa（人に）」→「some flowers（ものを）」の順で聞こえてきたので，矢印はLisaから花に引くことになります。この場合は，人からものへの順なので，toは不要ですね。では，練習を始めましょう。

[59] ここでは，目的語の順序に焦点をあてさせているため，「〜を」を「ものを」に，「…に」を「人に」としています。

[60] ワークシートには2つの例文が書かれていますが，生徒の習熟に応じて，ワークシートに例文を示さずに，再現させることもできます。

指導上のヒント

この活動を行った後で，さらに語順の違いを文字で確認するために，書いて練習させることもできる。

◆配布シート

○これから先生が1～10まで英文を言います。言われた後で，下のイラストに「ものを」→「人に」あるいは「人に」→「ものを」の順で矢印を引きます。その後，その文を繰り返し言ってみましょう。また，使用される動詞が下の欄に書かれていますので参考にしてください。

例1： I gave some flowers to Lisa.
例2： I gave Lisa some flowers.

	誰が	(to / for) 人に	ものを
例1	I	Lisa	←
例2	I	Lisa	→
①	I	Lisa	
②	Chang	Ken	
③	Mary	her sister	
④	My mother	us	
⑤	Nancy	her mother	
⑥	Mike	Nancy	
⑦	My sister	Chang	
⑧	We	our grandfather	
⑨	My grandfather	me	
⑩	Ken	Mike	

使用される動詞

bring, buy, cook, give, lend, make, read, send, show, teach

「SVOとSVOO」のFonF活動[*61]

技能 Listening & Speaking

目的 ある特定の場面で課題を解決するためにSVOとSVOOの文を対比的に産出させることで、語順が異なることを理解させる。

手順
1. 教室を列ごとに2つに分け、それぞれの生徒にSheet AとSheet Bのワークシートを配布する。
2. 生徒は、ワークシートの指示文をよく読む。
3. 英語でどのようにやり取りをしたらよいかを考えさせる。同じ種類のワークシートを持つ生徒同士で相談をさせてもよい（3分程度）。ただし、考えた英文は書かせない。
4. 活動を行う（10分程度）。
5. 活動後、教師がフィードバックとして、考えられる英文を読んで聞かせることにより、生徒自身に英語を正しく使ったかどうかを確認させる。生徒の理解度によっては、範読のプリントを配布してもよい。[*62]

[*61] この活動では、タスク活動（TA）というFonF活動（髙島，2000，2005b）の枠組みを採り入れています。

[*62] フィードバックの後に、もう一度、別のペアで同じ活動を行わせ、最初言えなかったことに再び挑戦させる機会を与え、達成感を持たせます。あるいは、AとBの役割を交替させてもよいでしょう。ただし、配布したサンプルダイアログは見ないよう指示したり、回収したりするなどの工夫が必要です。

〈生徒とのやり取りの例〉

T：こちらの列がユウさん。こちらの列がアンディさんとなって、今からペアで活動します。まず、1番から4番までの指示を読んで、どのような英語を使ったらよいか考えましょう。同じワークシートを持っている前後の人と相談してもかまいません。では今から3分間です。

T：（3分後）では、今から始めましょう。活動時間は10分間です。

T：（10分後）どうでしたか。おみやげに何をあげたらよいかを話すとき、どのような語順で文を言ったらよいかわかりましたか。

【Sheet A】

メイド・イン・ジャパンを贈ろう

あなたはホストファミリーのユウです。日本でのホームステイを終えるアンディさんが，オーストラリアに帰国しようとしています。あなたは，以前アンディさんの家でホームステイをしたので，オーストラリアで知り合ったアンディさんの友だちに日本のおみやげを渡してもらおうと思っています。アンディさんから友だちの情報を聞き，2人でそれぞれふさわしいおみやげを決めましょう。
（→の部分はあなたから話します。）

→1．あなたがアンディさんの友だちに何かをあげたいことを伝えましょう。

2．アンディさんが4人の友だちについて，好みを伝えてきます。情報を聞いて下の友だちの名前とおみやげを線で結びましょう。

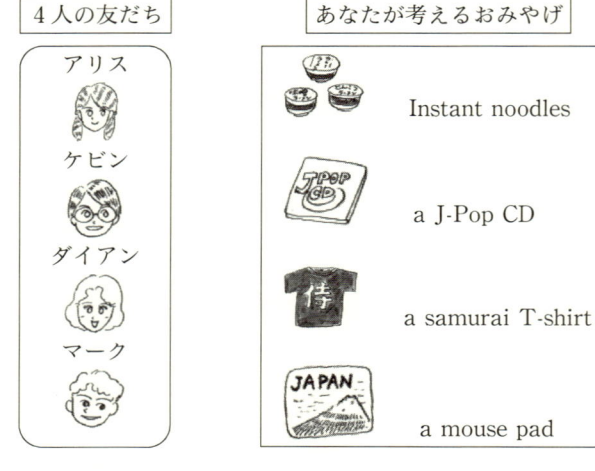

4人の友だち	あなたが考えるおみやげ
アリス	Instant noodles
ケビン	a J-Pop CD
ダイアン	a samurai T-shirt
マーク	a mouse pad

→3．アンディさんが伝えてきた情報をもとに何をあげるつもりかアンディさんに伝え，それでよいか聞きましょう。

4．アンディさんが2人の情報を間違えて伝えてしまったようです。ケビンとマークについての情報を聞いて，その2人の友だちに何をあげることにするか，確認したことをアンディさんに伝えましょう。

【Sheet B】

メイド・イン・ジャパンを贈ろう

あなたはユウさんの家でホームステイを終え，オーストラリアに帰国しようとしているアンディです。ユウさんが以前にあなたの家でホームステイをした時に，あなたの友だちを紹介しました。今回ユウさんはその友だちに日本のおみやげをあげたいと考えています。ユウさんに友だちの情報を伝え，2人でそれぞれふさわしいおみやげを決めましょう。
（→の部分はあなたから話します。）

1．ユウさんがあなたの友だちに何かあげたいことを伝えてきますので，「それはよい考えだ」と答えましょう。

→2．あなたの友だちの好みについて教えてあげましょう。

〈オーストラリアの友だちについての情報〉

友だち	Alice (アリス)	Kevin (ケビン)	Diane (ダイアン)	Mark (マーク)
	音楽が好き 時々日本の歌を歌っている	サムライ映画が好き 漢字を勉強している	コンピュータをよく使う 日本の絵が好き	食べることが好き 麺類を食べるのが大好き
お土産				

3．ユウさんは，あなたからの情報をもとに，あげようと思うおみやげを伝えてきますので，確認するために，ユウさんに繰り返し，「誰に」「何を」あげるか伝えましょう。もし違っていたら，誰にそれをあげるべきかを教えましょう。

→4．あなたは，実は，ケビンとマークについての情報をとり違えて伝えてしまいました。2人の正しい好みを伝え直しましょう。

S：「人」「物」の順番か，「物」to「人」の順番ですか。
T：そうですね。「人」「物」の順番が逆になるときは「～へ」のtoが必要ですね。今から，どんな英語を使ったらよいか言いますので，確認をしてみてください。（範読）
T：（範読後）では，もう一度やってみましょう。

〈サンプルダイアローグ〉

　　　　　　　　Yu：Sheet Aの生徒　Andy：Sheet Bの生徒
Yu：I want to give something to your friends in Australia.
Andy：That's great. Alice likes music. She sometimes sings Japanese songs. Kevin likes samurai movies. He studies kanji. Diane often uses a computer. She likes Japanese pictures. Mark likes eating. He loves noodles.
Yu：OK. I will give Alice a J-Pop CD.*63
Andy：Good. You will give a J-Pop CD to Alice.
Yu：I will give Kevin a samurai T-shirt.
Andy：That's nice. You will give a samurai T-shirt to Kevin.
Yu：I will give Diane a mouse pad. OK?
Andy：OK. You will give a mouse pad to Diane.
Yu：And I will give Mark some instant noodles.
Andy：Perfect. You will give some instant noodles to Mark.
Yu：Yes.
Andy：Sorry. I made a mistake. Kevin likes noodles. Mark likes samurai movies.
Yu：Really? Then, I will give some instant noodles to Kevin. And I will give a samurai T-shirt to Mark.
Andy：OK. They will be happy.

*63　この範読では，SVOOとSVOの文の両方が使われています。生徒の発話がどちらかの語順に偏る場合には，他方の語順についても指導するとよいでしょう。FonFの考え方では，コミュニケーションのためにどの形式を選択するかを発話者が判断することが大切です。

3.2.4 不定詞（副詞的用法と形容詞的用法）

〈文法説明〉

> **説明のポイント**
> - 不定詞には，主に３つの用法*64があるが，副詞的用法の「目的・原因を述べる働き」と形容詞的用法の「(代)名詞を説明・限定する働き」に焦点を絞り，不定詞の用法を理解させる。
> - 形容詞的用法の説明では，something to drink などのような定型表現ではなく，汎用性の高い，time to do*65を使用できるようにする。

〈説明の具体例 — 副詞的用法〉

　　　　　　　　T：教師　　S：生徒　　Ss：生徒全員

T：（下の絵を黒板に貼る）Have a look at these pictures. Both Keiko and Tom went to the park. （不定詞部分を隠した*66文を貼る）

Keiko went to the park ▭
Tom went to the park ▭

T：What did Keiko and Tom do there?（不定詞を隠している部分に「目的は？」と書く）

Keiko went to the park ｜目的は？｜
Tom went to the park ｜目的は？｜

*64 不定詞の指導例は，髙島（2000, pp. 189-200, 2005b, pp. 159-167）に具体的な言語活動とともに掲載されています。

*65 ここでは，不定詞の形容詞的用法の説明として，time to doを用いています。生徒にとってsomething to ～ が定型表現として学びやすい一方で，名詞を限定しているという本来の働きへの意識が低くなってしまうためです。

*66 この２つの文の白紙のカードの下には，それぞれ，**to** play tennis, **to** eat lunchとあらかじめ書いておきます。不定詞部分を隠して文を提示することで，不定詞部分がなくても文が成り立つこと，情報が追加されていることを感じさせることができます。さらに，単に「～するために」という日本語訳を与えるのではなく，意味的なまとまりがある部分ごとに英語を提示することにより，英語の流れに沿って理解することを促します。

S : Keiko played tennis.
T : Yes, that's right. So she went to the park to play tennis. ("Keiko went to the park" の「目的は？」の部分をはがす) Repeat. She went to the park to play tennis.
Ss : She went to the park to play tennis.
T : How about Tom? What did he do in the park?
S : Eat hamburger.
S : Ate hamburger.
T : Yes! He ate lunch there. ("Tom went to the park" の「目的は？」の部分をはがす) He went to the park to eat lunch. Repeat. He went to the park to eat lunch.
Ss : He went to the park to eat lunch.

Keiko went to the park **to play tennis**.
Tom went to the park **to eat lunch**.*67

T : Have a look at the picture of 30 minutes later. (30分後のKeikoの絵を貼る) How was Keiko feeling?

S : うれしそう。Happy?
T : Yes. Keiko was happy, but why? ("Keiko was happy" なぜ？ を絵の下*68に貼る)

*67 ここで，to不定詞のみを太字にしています。これは，toの持つ役割（「目的」や「理由」という内容を導く）を強調するためです。

*68 「なぜ？」の下には，あらかじめ，**to win the game**と書いておきます。

Keiko was happy ［なぜ？］.
↓
Keiko was happy **to** win the game.

S：トロフィー持ってるってことは，試合に勝ったんじゃない？
T：Yes! Keiko was happy …
S：Win the game.
T：Exactly! Keiko was happy to win the game*69. （英文の「なぜ？」の部分をはがす）
T：（下の絵を貼る）How about Tom?

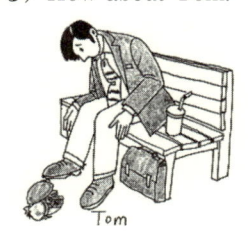

S：あはは，ハンバーガー落としてる！これは，悲しい！
T：Oh, that's too bad. So, Tom was sad … (Tom was sad ［なぜ？］.を絵の下に貼り，生徒の反応を促す)
T：Tom was sad to … ?*70
S：落としたってなんて言うんだろう？
T：Drop. **To** drop his hamburger. He was sad …?
S：**To** drop his hamburger! （英文の「なぜ？」の部分をはがす）

*69 本来，to have won the game（Keikoの例）や，次の例では，to have dropped the hamburger の方が正確な英語ですが，不定詞の働きに焦点化するために，ここでは完了形（完了不定詞）は使用していません。

*70 このようにして，生徒の反応を促し，生徒に考える機会を与えるとよいでしょう。

Tom was sad 〔なぜ？〕.
↓
Tom was sad **to** drop his hamburger.

- *T*：Yes! さて，今見てきた**to** play tennis, **to** eat lunch, **to** win the game, **to** drop his hamburgerとは，どういう意味なのでしょうか。（生徒がわからない反応を見せたら，不定詞部分を隠していたカードを再度提示する）
- *S*：あ！「なぜ？」という意味だ！
- *T*：その通り。「to ＋ 動詞」で，目的や理由を説明することができます。
- *S*：先生，becauseと同じですか？
- *T*：いい質問だね。では，実際に書いてみましょう。（"Keiko was happy because she won the game."を板書する）どう違うでしょうか。ヒントは，becauseのすぐ後ろです。
- *S*：あ〜。toのすぐ後は動詞だけど，becauseの後は文になってる。
- *T*：そうですね！それに，動詞の形がwonで過去を表していますね。反対に，「to ＋ 動詞」の場合は，toの後は動詞だけで形も変わっていませんね。つまり，「to ＋ 動詞」の方がよりシンプルなのです。

指導上のヒント

不定詞の副詞的用法を，日本語の「〜ために」や「〜ので」という訳で覚えさせるのではなく，ある動作に目的や理由といった内容を付け加えて説明する働きを持つことをしっかり意識化させることが肝要である。さらに，意味を確認する際に日本語を用いる場合でも，英語の語順に沿った内容の理解を促進するよう心掛けたい。

第3章 「フォーカス・オン・フォーム」アプローチの具体例　115

〈説明の具体例 ― 形容詞用法，time to do*71〉

T：Have a look at this picture.（女性の絵を貼る）She is Mr. Tanaka's mother. She is a nurse and very strict about time. She always has a watch and says ...（吹き出しを貼る）It's 7 o'clock. It's time to get up. It's 7:30. It's time to have breakfast. It's 8 o'clock. It's time to take your temperature. It's 9 o'clock. It's time to take a walk.

*71 ここでは，生徒の負担を考慮して，基本形のみを使用していますが，timeの前にaboutがついていたり(It's about time to go to bed.)，toの前に動作主を示す「for ＋ 人」がついていたり(It's time for you to go to bed.)，it'sは省略されること(Time to go to bed.)があります。

Mr. Tanaka's mother

It's 7 o'clock.　　It's time **to get up**.
It's 7:30.　　　　It's time **to have breakfast**.
It's 8 o'clock.　　It's time **to take your temperature**.
It's 9 o'clock.　　It's time **to take a walk**.
　　　　　　　　　　　　　：

T：この It's 7 o'clock. It's time to get up. はどういう意味でしょうか。
S：「7時です。」の後がよくわかんない。
T：まず，It's timeで「時間ですよ」と言っているわけです。では，どんな時間かな？
S：「起きる時間」ってことか！
T：Very good! It's timeだけでは，一体何の時間なのかよくわかりませんね。「どんな時間なのか」ということを「to ＋ 動詞 〜」という表現を用いて説明しているのです。Okay. Repeat after me. It's time to get up.
Ss：It's time to get up.
　（この要領で，吹き出しの中の英文をリピートさせながら口頭練習する）
T：Everyone, look at another picture.（Mr. Tanakaの絵を貼る）This is Mr. Tanaka. He is a businessperson and he has many hobbies.（His hobbiesの絵を貼りながら）For example, fishing, shopping, reading, playing soccer, and watching TV.

〈Mr. Tanaka's hobbies〉

T：He is very busy now, so he doesn't have much time!
（He doesn't have much time.のみ板書する）

T：彼は忙しくて，時間がないのですね。（timeの上に「時間」と板書する）では，どんなことをする時間がないのでしょう。（「時間」の右に「何をする」と板書する）

T：（絵を指さしながら）He doesn't have much time to go fishing.*72（timeの右に，to go fishingと板書する）では，他に，Mr. Tanakaはどんなことをする時間がないでしょうか。

S：買い物！

T：そうですね。He doesn't have much time to ... ?

S：Go shopping.

T：Great!（to go fishingの下にto go shoppingと板書する）He doesn't have much time to ... ?（サッカーをしている絵を指さす）

S：ん〜，playing soccer?

T：To PLAY soccer.*73（to play soccerを板書する）Right! He doesn't have much time to PLAY soccer. He doesn't have much time ... ?*74（本の絵を指さす）

S：To read books!

T：Good job.（to read booksを板書する）And, he doesn't have much time ... ?（テレビの絵を指さす）

S：To watch TV.

*72 まず，例として教師が1つ文を作って示すなどして，生徒が発話しやすくなるようにするとよいでしょう。

*73 このように，生徒が動詞に誤ってingなどをつけて発話した場合には，PLAYを強調して発音するなどして生徒に気づかせるようにします。発言した生徒の積極性を評価するようなやり取りを行うことが大切です。

*74 徐々に慣れてきたら，toを含めて言わせるようにします。

第 3 章 「フォーカス・オン・フォーム」アプローチの具体例　117

T：Perfect!（to watch TV を板書する）

	時間	～をする
	Mr. Tanaka doesn't have much **time**	to go fishing.
		to go shopping.
		to play soccer.
		to read books.
		to watch TV.

T：先ほどの Mr. Tanaka's mother の例を思い出してみましょう。
S：time to 何とか？
T：その通り！つまり、「to＋動詞」は「どんな時間か」を説明しているんです。（時計を見て）Oh! It's time to move on to practice.

「不定詞（形容詞的用法）」のプラクティス

技能　Listening
目的　不定詞の形容詞的用法の機能を正確に把握させる。
手順　1．メモ用紙を配布する。
　　　　2．英文（教師用のスクリプト）を聞かせ[*75]，メモの空欄を埋めさせる。
　　　　3．近くの生徒と答えを確認させる。
　　　　4．スクリプトを配布し，重要な部分の内容を確認する。[*76, 77]

*75　スクリプトの英文を生徒に聞かせる際に，生徒の習熟度や取れているメモの程度に応じて，解答に必要となる部分を繰り返したり，ポーズをとるなどして読むことが必要です。
*76　全文を日本語訳していくのではなく，メモを取るのに必要な部分のみ拾い読み（スキャニング，scanning）して内容を確認するとよいでしょう。
*77　指示の中でリスニングのポイントを明確に示すことで，長めの英文を聞かせる際に生徒の負担を軽減することができます。

〈注文の多い料理店〉

あなたは、ある日本料理屋さんで働くことになったカナダ出身の留学生です。今日は初日なので、先輩が1日の仕事の流れを説明してくれます。時間とやるべきこと*77を、彼女の指示を聞いてしっかりメモしましょう。

メモ用紙

To-do List

時間	やるべきこと

解答例

To-do List

時間	やるべきこと
10:00	To clean the tables.
10:30	To cut vegetables.
11:30	To put a menu on each table.
2:30	To take a 30-minute break.
3:00	To wash the dishes.
4:00	To go home (after sweeping the floor).

〈スクリプト〉　　W：Woman

W：Hello. You are a new part-time worker, aren't you? Nice to meet you. I'm going to explain your work, so take notes. Okay? It's 10 o'clock now. **It's time to** clean the tables.

　　　　　　　(30 minutes later)[*78]

W：Have you finished the first job? Good. It is 10:30. **It's time to** cut vegetables. There are onions and carrots in the fridge.

　　　　　　　(1 hour later)

W：Okay. Stop cutting vegetables. It's already 11:30. **It's time to** open the restaurant. Put a menu on each table.

[*78] この部分は，声色を変えるなどして，生徒に時間が過ぎていることを知らせるように読むとよいでしょう。

(3 hours later)
W : Good job. It is 2：30. **It's time** for you **to** take a 30-minute break. Be back on time.
(30 minutes later)
W : It is 3 o'clock. **It's time to** wash the dishes. Let me know when you finish washing all the dishes in the sink.
(1 hour later)
W : You've finished washing all the dishes? Wow, so fast. Okay. It's 4 o'clock. **It's time** for you to go home. After sweeping the floor, you can go.

〈生徒とのやり取りの例〉
T：メモに時間とやるべきことを書けましたか。
S：全部埋められなかった[*79]。
T：では、隣の人とメモの内容を確認し合ってみましょう。
（3分後）
T：どうでしょうか。
S：だいたい一緒だけど、ちょっと違うところがありました。
T：どこが違いましたか。
S：2時半のところ！
T：なるほど、ではどんな内容だったかプリントを見て確認していきましょう。（教師用のスクリプトを配布する）まず、2時半は何をする時間だと言っていましたか？
S：わかりませんでした。
T：実はこれ少し形が違うということに気が付きましたか。
S：timeの後がtoじゃないや。
T：そうですね。It's timeとto take a 30-minute breakの間にfor youが入っていますね。
S：本当だ！「あなたのために」ってこと？
T：このfor youは、to 〜の主語の役割をしているんで

[*79] こうした場合には、最初から答えを確認するのではなく、ペアで確認させます。また、聞き取れなかったところはどこかなどを話し合わせるとよいでしょう。

す。そのため,「あなたが30分の休憩を取る時間です」という意味になるんです。特別に「誰が」ということを示したいときに,「for 〜」をつけます。ここでは,話し手の女性ではなく,「あなたが」休憩を取るということなんです。

S:へぇ〜。

T:Now, it's time for us to take a look at the next job ...

「不定詞（副詞的用法）」のプラクティス

技能 Listening

目的 不定詞の副詞的用法を含む英文の内容理解を通して,不定詞の副詞的用法に慣れさせる[80]。

手順
1. 問題用紙を配布し,問題文を読ませる[81]。
2. スピーチを流し,問題に解答させる。
3. 第1問目の解答を確認する。
4. もう一度スピーチを聞かせる。[82]
5. スクリプトを配布し,解答に必要な部分の解説をする。

〈活動前の指示の例〉

T:これから,3人が自分の現在の職業を紹介してくれます。それぞれの人のスピーチの内容に関して,合っている箇所には○を,誤っている箇所には×を記入してください。答えの根拠となる部分に注意して聞きましょう。

[80] ここでは,to不定詞の働きを十分理解していなくても,問題を解くことが出来るようなプラクティスとなっています。

[81] リスニングのポイントである「答えの根拠となる部分」に注意を向けさせるために,まず問題用紙を配布し問題文を読む時間をとります。

[82] 第1問目の解説をした後でもう一度英文を聞かせることで,英語の流れに沿って理解する練習の機会を増やすことが大切です。

問題用紙			
(1) Eric	Q1. いつもカメラを持ち歩いているのは，大事なものだから	
	Q2. 世界を旅する理由は，きれいな建物や風景を探すため	
	Q3. 先月うれしかったのは，新しいカメラを買ったから	
(2) Nadia	Q4. コンピュータを使うのは，ファッションを勉強するため	
	Q5. 来月パリに行くのは，ファッションモデルをするため	
	Q6. パリで手に入れたいのは，自分のデザインを創るための新しい考え	
(3) Ken	Q7. 小さいころサッカーを一生懸命練習したのは，女の子にモテるため	
	Q8. スペインに行くのは，おいしい料理を食べるため	
	Q9. すごくうれしいのは，スペインから強いチームが来てくれるから	

スクリプト

Hello, everyone. My name is Eric. I am a photographer. I love beautiful scenes, so I always have my camera with me **to take** photographs. And I travel around the world **to find** good buildings and beautiful scenes. Last month, I was very happy **to buy** a new camera.

Hi, I am Nadia. I'm a fashion designer. I use the computer everyday **to design** my original dresses. I'm planning to visit Paris next month **to study** the latest fashions. I hope that I will learn a lot of new ideas **to create** my own fashions.

Hello. I'm Ken. I teach soccer to young children. When I was young, I practiced very hard **to be** a professional player. But it was difficult. Now I enjoy my job very much. Next month, I am going to go to Spain **to watch** the soccer games of the Spanish league and **to see** famous players. And I am really happy **to hear** that a strong team of the Spanish league is going to come to my country.

解答
(1) Q1. ×　　Q2. ○　　Q3. ○
(2) Q4. ×　　Q5. ×　　Q6. ○
(3) Q7. ×　　Q8. ×　　Q9. ○

〈生徒とのやり取りの例〉
T：みなさん，どうでしたか。
S：難しかった！
T：そうですね。では，どうしたらいいでしょうか。重要なことは，聞こえてくる英語の流れに沿って理解しながら，質問の答えとなるような部分に注意して聞くことです。例えば，Ericが，I always have my camera with me **to take** photographs. と言っていました。（この英文を板書する）まず，I always have my camera with meはどういう意味でしたか。
S：カメラを持っていくってこと？
T：その通りですね。どこにでもカメラを持っていくのですね。そのあと，**to take** photographsという英語が聞こえてきました。先ほど説明したように，to～は目的を表現できるのでした。すると，「カメラをいつも持ち歩くのは，写真を撮るためなのです。*83」という内容がわかりますね。
S：長くても，何となく意味が分かるかも。
T：Q1を見てみると，カメラを持ち歩くのは，大事だからではありませんよね。従って，正解は×となります。では，この点に注意しながらもう一度聞いてみま

*83　このように，不定詞の部分の意味を先に捉える（「写真を撮るためにカメラをいつも持ち歩いています。」という訳）のではなく，内容のまとまりごとに英語の流れに沿って訳すようにすることで，スムーズなリスニングやリーディングの理解を促すことができます。

しょう。
（もう一度英文を聞かせる）
T：先ほどよりも，スムーズに理解できましたか。では，実際にどんな英語を話していたか見ていきながら，答えを確認してみましょう。（スクリプトを配布する）英文の中の，下線が引いてあるところに注目してみましょう。まずは，写真家のEric。カメラを持ち歩くのは，良い写真を撮るためでした。では，なんのためにEricは世界中を旅するのでしょうか[*84]。
S：あぁ，よい建物や風景を探すためかー。
T：Yes! 英語では，なんと言っていますか。読んでみてください。
S：To find good buildings and beautiful scenes.
T：Excellent.ということで，Q 2は○になりますね。では，続いて …

[*84] 「なんのために世界中を旅するのか」と理由を聞くことで，さりげなく不定詞の「目的」という働きを意識させるように工夫するとよいでしょう。

指導上のヒント

このプラクティスでは，不定詞の副詞的用法に慣れさせることを目的としているが，to take good photographsを3つの異なる用法で用いてスクリプトを作成することもできる。そして，不定詞のそれぞれの働きを含むような問題を作り，日本語の内容に合う英文を選ばせるとよい。

問題：「彼がカメラを持ち運ぶのは，よい写真を撮ることが好きだから」という内容を表す英文を選びなさい。

A．He always carries his camera with him everywhere **to take good photographs**. （副詞的用法）
B．He always carries his camera with him everywhere because he likes **to take good photographs**. （名詞的用法）
C．He has to carry heavy cameras **to take good photographs with**. （形容詞的用法）

解答： B．（名詞的用法）

「不定詞（副詞的用法と形容詞的用法）」のFonF活動[*85]

> **技能** Speaking & Listening
> **目的** 不定詞の形容詞的・副詞的用法をそれぞれの働きごとに使えるようにする。
> **手順**
> 1．ペアを組み，Sheet AとSheet Bどちらの役をするか決めさせる。
> 2．電話でのやり取りを想定しているため，ペアを背中合わせに座らせる。
> 3．Sheet Aをオーナーシェフ役の生徒に，Sheet Bをマネージャー役の生徒に配布する。
> 4．15分以内でタスクを完了するよう指示し，開始する。
> 5．活動後に，ペアに発表させる。
> 6．サンプルダイアローグを配布し，内容を確認する。[*86]

[*85] これは，タスク活動（Task Activity）と呼ばれる，FonF活動の1つです（「用語の解説」および髙島，2000，2005b参照）。活動の後に任意のペアに活動を再現してもらったり，サンプルダイアローグをもとに文法に関するフィードバックを与え，形式に焦点を当てさせるとよいでしょう。

[*86] サンプルダイアローグを配布した際に，生徒たちに自身のやり取りがサンプルダイアローグとどう違うかを話し合わせるなどの活動を行うこともできます。

〈活動前の指示の例〉

T：まず，近くの席の人とペアをつくり，じゃんけんをします。勝った人はA，負けた人はBとなります。
（Aの生徒にSheet Aを，Bの生徒にSheet Bを配布）

T：それでは，最初の四角の中の状況と指示を読んでください。ペアとなっている相手は近くにいない設定なので，自分の情報を教えないようにしましょう。

（3分後）

T：自分のいる状況がわかりましたか。もし，わからなければA担当の人は近くのA担当の人に，B担当の人は近くのB担当の人と話し合ってみましょう。（生徒の理解度に応じて話し合わせる時間をとる）

T：準備できましたか。

S：はい。

T：シェフにもマネージャーにも電話できる時間は15分しかありません！それでは，始めましょう。

【Sheet A】

ビストロTokyoの危機!?

あなたは，有名なレストラン「ビストロTokyo」のフランス人オーナーシェフ（Paul）です。今日は知人に会いに大阪に来ています。しかし，本日のスケジュールが書かれたメモをレストランに置き忘れてしまいました。レストランには，マネージャーになりたてのMr. Suzukiがいるので，今日の予定について教えてもらいましょう！ 電話のバッテリーが切れかかっています。なるべく早く終わるようにしましょう！
（→ がついているところはあなたから話し始めましょう。）

→1．まず，レストランに電話をかけ，マネージャーに大阪に来た目的とスケジュールメモ（note）を忘れてしまったことを伝え，今は何をする時間かを聞いて，メモしましょう。

目的：知人のレストランを訪れる　現在時刻：午前11時

出張用メモ
- 11時…＿＿＿＿＿＿＿＿＿＿＿＿＿＿＿＿＿＿＿
- 2時…＿＿＿＿＿＿＿＿＿＿＿＿＿＿＿＿＿＿＿
- 5時…＿＿＿＿＿＿＿＿＿＿＿＿＿＿＿＿＿＿＿

2．マネージャーから，料理に関してお願いがあるようなので，下のメモを参考に指示を出しましょう。

料理用メモ
- 11時…シチューを作るため，野菜を切る時間

説明の途中で，電車が！！！

→3．料理の指示をしている途中で，電車が来てしまったので，3時間後に電話を掛けなおしてほしいと伝えましょう。
（3時間後…）

4．マネージャーから電話がかかってきました。自分がこれからどうすべきかを聞き，出張用メモを完成させ，料理の指示をしましょう。

料理用メモ
- 2時…黒板に今日のディナーのメニューを書く時間
- 5時…ファーマース・マーケットに行く時間（新鮮な野菜を買うため）

【Sheet B】

ビストロTokyoの危機!?

あなたは，有名なレストラン「ビストロTokyo」のマネージャー（Suzuki）です。しかし，なんとオーナーシェフ（Paul）がレストランにやってきません。どうしたことでしょう!? 自分はまだマネージャーになりたてなので，どうしていいかわかりません。そんなときに，ちょうどシェフから電話がかかってきました！

（→ がついているところはあなたから話し始めましょう。）

1．オーナーシェフからの電話に出て，今どこで何をしているか聞き，オーナーのお願いを聞いてあげましょう。

現在時刻：午前11時

出張用メモ
- 11時…大阪駅で電車に乗る時間
- 2時…フランス料理についてスピーチをするため京都に行く時間
- 5時…京都からの新幹線に乗る時間

→2．今度は，マネージャーであるあなたから，料理に関して指示をお願いして，指示を下のメモにまとめましょう。

料理用メモ
- 11時…＿＿＿＿＿＿＿＿＿＿＿＿＿＿＿
- 2時…＿＿＿＿＿＿＿＿＿＿＿＿＿＿＿＿
- 5時…＿＿＿＿＿＿＿＿＿＿＿＿＿＿＿＿

（3時間後…）

→3．あなたから，3時間後（14時）に，シェフに電話しましょう。さっき伝えられなかったメモの内容を伝え，料理の指示を聞き料理用メモを完成させましょう。

〈サンプルダイアローグ〉

      Chef：Sheet Aの生徒 *Suzuki*：Sheet Bの生徒

Chef：Hello. This is Paul. Can I speak to Mr. Suzuki?
Suzuki：This is Suzuki speaking. Chef! Where are you now?
Chef：What's wrong?
Suzuki：What's wrong?! The trouble is that you're not here, Paul.
Chef：I'm in Osaka **to visit** my friend's restaurant. But I left a note about my visit. Can you find it in my office?
Suzuki：Okay. I've got it.
Chef：Good. It's 11 o'clock.
Suzuki：So **it's time to** take the train at Osaka Station.
Chef：Okay, thanks.
Suzuki：Chef, what should we do now?
Chef：Okay. **It's time to** cut vegetables **to make** stew.
Suzuki：I see. What is next?
Chef：Sorry! The train is coming. I've got to go. So call me back in 3 hours.
Suzuki：Okay. See you later.
Chef：Bye.

       (3 hours later)

Suzuki：Hello, again. How is it going?
Chef：It's okay. Now it's 2 o'clock. What should I do? Give me some instructions.
Suzuki：Okay. **It's time** for you **to** go to Kyoto **to make** a speech about French food.
Chef：Okay, thanks.
Suzuki：What should I do now?
Chef：Well. **It is time to** write today's dinner menu on the blackboard.
Suzuki：I've got it.
Chef：How about 5 o'clock?
Suzuki：You have to go to Kyoto Station **to take** the Shinkansen at 5 o'clock.
Chef：Thanks. At 5, you need to go to the Farmer's Market **to buy** some fresh vegetables.
Suzuki：Thank you, Paul. See you later.

指導上のヒント

　生徒によっては，会話例のように不定詞の形容詞的用法と副詞的用法を織り交ぜながら使うことが難しいと考えられる。しかし，タスク活動は課題の解決が第一義であるため，不定詞を使用せず，他の形式を用いてもタスクが完了できれば，生徒を積極的に評価する。その場合には，フィードバックで不定詞がこの活動内のどのような場面で使えるかを確認する。定着が不十分な場合には，サンプルダイアローグで不定詞が用いられている部分をペアで口頭練習するなどの工夫が必要である。

3.2.5 分詞による後置修飾と前置修飾

〈文法説明〉

> **説明のポイント**
> - 名詞をより詳しく説明するために，また，限定したり対比したりする時などに，後置修飾を使うことを理解させる。*87, 88
> - 名詞を修飾する部分が長い場合は，原則として後置となることに気づかせる。
> - 後置修飾の文では，修飾部分と被修飾部分に下線を引いたり，色分けすることなどにより，英語の語順と日本語の語順が異なることに注意を払わせる。

〈説明の具体例〉　T：教師　　S：生徒　　Ss：生徒全員

T：（赤ん坊が眠っている絵を2枚提示する）Where are the babies?

S：In ... かごの中 ... and on the sofa.

T：Yes. One is sleeping in the crib, かご is a crib in English, and the other is sleeping on the sofa. These sleeping babies are Momo and Taro.（英文を提示する）

These sleeping babies are Momo and Taro.

S：Sleeping baby ... Momo? Taro?
T：Which is Taro?
Ss：...

---

*87　語彙が限定されている中学校の段階と異なり，高等学校の段階では同じ語（以下の例では，used）でも前置修飾と後置修飾では異なる意味になることにも言及すると，指導内容の深化を図ることができます。例：a used car（中古車）と a car used by Tom（トムが使っている/使った車）

*88　長い名詞句を構成する主語への後置修飾では，構造の理解が難しいため，ここでは目的語・補語ではなく主語への後置修飾に焦点を置いています。

T : The baby sleeping on the sofa is Taro.
（英文と名前のカードを提示する）

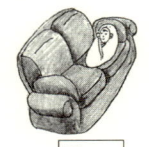

Momo　Taro

These sleeping babies are Momo and Taro.　*89
The baby sleeping on the sofa is Taro.

T：上の文と下の文の違いは何ですか。
S：babyとsleepingの位置が違う。
T：そうです。上の文の，The sleeping babiesは眠っている赤ん坊とわかりますが，下の文では，The baby sleeping on the sofaとなっています。なぜ，「赤ん坊」，そして「眠っている」の順になるのでしょうか。
S：sleepingにon the sofaがくっついているから？
T：そうですね。英語では，赤ん坊がそれぞれ別の場所にいて，「ソファーで眠っている赤ん坊」と区別して言いたいときには，the baby sleeping on the sofaとなるのです。
S：先生，the sleeping baby on the sofaはだめですか。
T：よい質問ですね。もし，ソファーで泣いている赤ん坊と眠っている赤ん坊の両方がいれば，どちらの赤ん坊なのかを明確にするために，sleepingを前に出して，The sleeping baby on the sofa is Taro.となります。
S：へー。
T：このイラストは，「ソファーで眠っている赤ん坊」を表しているため，the baby sleeping on the sofaになったのですね。
T：OK. Look at the next picture.（新たなイラストを提示する）What's the matter with this doghouse?

*89　ここでは，後置修飾と前置修飾を対比させるために，前置修飾の例として，These sleeping babiesを挙げています。ただし，日本語で「眠っている犬」と言えても，英語で *a sleeping dogと表現することは不自然であるという母語話者からの意見があります。
　前置修飾が可能となる場合は，現在分詞が名詞のもつ性質を表し，常にその状態であったり，音などでその名詞をイメージできる場合です。例えば，twinkling starsやchirping birdsなどは可能のようです。
　ちなみに，Sleeping Beauty（眠り姫）や，Let sleeping dogs lie.（触らぬ神にたたりなし）は，物語の中の登場人物やことわざなので可能です。

S：壊れている。Breakingかな…
T：Breaking?
S：じゃあ，Brokenかな？
T：Yes. This broken doghouse was Koro's.（英文とイラストを提示する）

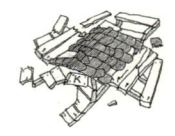

This broken doghouse was Koro's.

T：How was Koro's doghouse broken?
S：地震？　台風？　嵐？
T：That's right. In the storm.（さらにイラストと英文を提示する）

This broken doghouse was Koro's.
The doghouse broken in the storm was Koro's.

T：The doghouse broken in the storm was Koro's.*90 So they made a new one for Koro.（新しい家のイラストを提示する）

＊90　ここでは，犬小屋がなぜ壊れているのかという文脈で，後置修飾の文を提示しています。他の機会に文を提示する場合でも，単独で提示し，形式のみに焦点を当てることなく，使用場面を意識させることが大切です。

第3章 「フォーカス・オン・フォーム」アプローチの具体例　133

```
This broken doghouse was Koro's.
The doghouse broken in the storm was Koro's.
```

T：今度は，犬小屋の話ですね。doghouseの前後には，どんな単語が使われていますか？
S：Broken ...
T：そうです。では，先ほどのsleepingとbrokenでは何が違いますか？
S：sleepingは現在分詞で，brokenは過去分詞？
T：その通りです。今度は，「〜される」という意味の過去分詞が使われています。brokenはbreak「壊す」の過去分詞なので，broken doghouseだとどうなりますか？
S：壊れた犬小屋？
T：はい。正確に言うと「壊された」犬小屋となります。では，The doghouse broken in the stormだとどんな犬小屋といっていますか？
S：嵐で壊された犬小屋。
T：そうです。ここで，先ほどの上の文と下の文を比べてみます。（英文カードを示しながら）brokenの位置が異なっていますね。どうしてでしょう。
S：下の文は，in the stormがついているから？*91
T：その通りです。先ほどの，The baby sleeping on the sofaと同じように，犬小屋がどうして壊れてしまったかを説明する部分が長くなっているからですね。

*91　動詞の種類によっては，一語であっても前置修飾にすると不自然なものもあります。例えば，過去分詞ではdamaged building, broken vase, spilt milk, the decorated Christmas treeなどのように，名詞に一度動作が加えられた後で，その状態が変わらない場合は可能ですが，「掃除された部屋（*a cleaned room)」「落とされたカップ（*a dropped cup)」などのように，一時的な状態を表わすものは前置修飾になりません。

> 指導上のヒント

時間があれば，例題でさらに確認してみるとよい。
（例題）
次のイラストを参考に，下の英文に（　　）内の句を入れて，下線部を説明する文を完成させましょう。

① The teacher is from Australia. (showing a picture to the students)

　　解答：The teacher showing a picture to the students is from Australia.

② The languages are French and German. (used in this town)

　　解答：The languages used in this town are French and German.

「分詞による後置修飾と前置修飾」のプラクティス

技能 Writing
目的 分詞を用いた後置修飾と前置修飾の違いを理解させ，分詞によって修飾された名詞が主語となる文を作ることができるようにさせる。[*92]
手順 1．英文とイラストが掲載されているワークシートを配布する。

[*92] 即座に産出が求められるスピーキングに比べ，ライティングでは産出するための時間があるので，語順への気づきも起こりやすいと考えられます。

2．イラストが意味する内容を書かせるために，ワークシート内に書かれている英文をもとに，必要な句を英文に挿入させ，文を完成させる。*93

*93 このプラクティスでは，イラストの下に使用する動詞を分詞の形で提示していますが，原形で提示し生徒に現在分詞か過去分詞か考えさせることも可能でしょう。

〈生徒とのやり取りの例〉
T：今，配布したプリントの例を見てください。The baby is Momo.という英文があります。意味は「その赤ん坊はモモです。」(a)のイラストは，寝ている赤ん坊を，(b)のイラストは，ゆりかごで寝ている赤ん坊を表しています。英語では，(a)はThe sleeping babyで，(b)はThe baby sleeping in the cribとなっています。意味の違いをよく考えて取り組みましょう。

ワークシート

○次の1〜6までの英語の文を使って，イラストに合うように，それぞれもとの英文を使って書き直しなさい。

（例）The baby is Momo.

(a) sleeping
(b) sleeping in the crib

書き直した文：

(a) The <u>sleeping</u> baby is Momo.
(b) The baby <u>sleeping in the crib</u> is Momo.

1．The cat is *Shiro*.

walking on the roof

→ _____

2．The stars are called Cassiopeia.

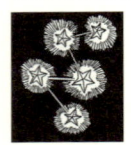

twinkling

（※ twinkling： きらきら光る）

→ _____

3．This rice will be good for *onigiri*.

cooked

→ _____

4．The languages are English and French.

Hello!　Bonjour!

taught at this school

→ _____

5．These students look happy.

eating lunch

→ _____

6．This building is in Spain.

built by Gaudi

（※ Gaudi： ガウディ（スペインの有名な建築家））

→ _____

|解答|
1．The cat walking on the roof is *Shiro*.
2．The twinkling stars are called Cassiopeia.
3．This cooked rice will be good for *onigiri*.
4．The languages taught at this school are English and French.
5．These students eating lunch look happy.
6．This building built by Gaudi is in Spain.

T：では，確認をしてみましょう。1番はどうですか？ The ...
S：The cat walking on the roof is *Shiro*.
T：そうですね。この文の意味は何ですか？
S：屋根の上を歩いている猫はシロです。
T：はい。The cat walking on the roofと日本語の「屋根の上を歩いている猫」では，語順[*94]が日本語とは逆ですね。猫が，どこで何をしているのかを説明するために，最初に，the catと言ってその後に説明を付け加えるのが英語の表現方法です。では，2番はどうですか。
S：The twinkling stars? The stars twinkling? あれ，どっちかな？
T：「眠っている赤ん坊」のように，「キラキラ光る星」という意味で，The twinkling stars are called Cassiopeia.となります。[*95]この場合には，日本語の語順と同じですね。

*94 ここでは，単に前置修飾と後置修飾の構造上の違いを対比的に練習させるだけではなく，日本語との語順の違いにも，生徒の意識を向けるようにしています。

*95 きらきら光っている星とそうでない星を比較する場合には，the stars twinkling (in the sky) となります。ちなみに，flying birdは，通常不自然な表現と考えられますが，「飛ぶ鳥と飛ばない鳥」を比較して表現する場合には，使用が可能です。例えば，Penguins are not flying birds.のように使われます。

T：先ほどの1番のように，日本語と異なる語順の場合は難しいかもしれませんが，英語では先に文の中心となる意味の語が来て，その単語を説明したり，限定したりするために，後ろに情報を付け足していく特徴があります。1番では，The catが中心となる意味で，どのような猫なのかを説明するために，catの後にwalking on the roofがくっついたと考えましょう。

指導上のヒント

　ここでは語順を把握させるために書く活動を行ったが，Listening & Speakingの活動とすることもできる。例えば，プラクティスで書かれた文を教師が読み，生徒はその文を聞き取って，口頭で再現する。その際，生徒が単に文を繰り返すことのないよう，あらかじめイラストのみを掲載したプリントを配布しておき，生徒が文を聞いた際に，文の内容に合ったイラストを選べるようにしておくとよい。[*96]

「分詞による後置修飾と前置修飾」のFonF活動[*97]

技能 Listening & Speaking
目的 ある特定の場面で課題を解決するために，分詞を使った後置修飾の文を産出させることで，日本語との語順の違いについて理解を深めさせる。
手順
1．列ごとにSheet A，Sheet Bを配布する。
2．生徒はワークシートの指示を読み，場面を理解する。
3．英語でどのようにやり取りをしたらよいかを考えさせる。必要があれば，同じ種類のワークシートを持つ生徒同士で相談をさせてもよい（3分程度）。ただし，生徒に考えた英文を書くことはさせない。
4．活動させる（10分程度）。

*96　この活動では，聞いた文の意味を一度考えさせることによって，単に繰り返させずに，生徒は意味と同時に形式に焦点をあてながら，文の再現を行うことができます。
*97　この活動では，タスク活動（髙島，2000，2005b）というFonF活動を採り入れています。

> 5．活動後，フィードバックとして，サンプルダイアローグを教師が読んで聞かせる。あるいは，配布して音読させたりすることにより，生徒自身で，自分が使った英語が適切であったかどうかを確認させる。[*98]

T：こちらの列がユウさん，こちらの列がマイケルさん役になって行うペア活動です。まず，活動を始める前にワークシートの1番から4番までの指示を読んで，どのような英語を使ったらよいか考えましょう。同じワークシートを持っている前後の人と相談してもかまいません。では今から相談する時間を3分間とりますので始めてください。

T：ワークシートにある情報が把握できましたか。では，今から活動に入ります。時間は10分間です。相手の言ったことをメモしましょう。

T：（10分後）どうでしたか。沖縄と台湾での目的地を決めることができましたか。では，どんな表現を使うとうまく情報が伝えられるか考えてみましょう。人や物を説明する時，どんな表現を使いましたか。説明内容はどこに置いたらよいですか。

S：人や物の後。

T：そうですね。例えば，The peopleとあって，「そのレストランで働いている人々」と説明する場合，working at the restaurantは，peopleのどこにつきますか。

S：peopleの後。

T：そうですね。The people working at the restaurantという語順になりますね。他にも説明する文が出てきますので，いっしょにダイアローグを読んで確認をしましょう。（範読）[*99]

T：（範読後）では，役割を代えて（ペアを代えて）もう一度やってみましょう。

[*98] フィードバックの後に，もう一度，別のペアで，Sheet A・Bの役割で行わせると，相手や状況に応じて英語が使えたり，使う英語が異なることを感じさせることができます。ただし，配布したサンプルダイアローグは見ないよう指示したり，回収したりするなどの工夫が必要です。

[*99] 範読し意味を確認する際に，全文を日本語訳するのではなく，会話がどのような流れで行われていたか，分詞による後置修飾を用いている部分（例えば，それぞれの目的地の見どころの情報を伝える際）に焦点化して解説をするとよいでしょう。

【Sheet A】

沖縄・台湾よくばり旅行に行こう！

あなたは，日本に住むユウです。今度，ニュージーランドから来た友だちのマイケルさんと沖縄と台湾の台北（タイペイ）に行くことになりました。しかし，予算の関係で，今回は2泊3日の日程です。あなたの持っている沖縄の情報とマイケルさんの持っている台北の情報をもとに，互いの好みや要望について話し合い，沖縄，台湾のそれぞれ行く場所を2ヶ所ずつ決めましょう。
（→の部分はあなたから話し始めます）

→1．あなたから，沖縄の観光パンフレットを見せながら，マイケルさんに「お得な情報」を伝えましょう。

沖縄の情報

場　所	お得な情報	
沖縄料理店ちゅらさん	レストランで働いている人々が	沖縄の歌を歌ってくれる
首里城	沖縄で文化を学んでいる自分の友人が	歴史を教えてくれる
ガジュマル・ビーチ	海岸の近くに住んでいる人々が	ビーチバレーを一緒にしてくれる

→2．マイケルさんの好みや要望をもとに，沖縄で2ヶ所行くところを提案しましょう。

3．今度はマイケルさんが台北の情報を伝えてきます。よく聞きながら，自分の好みや要望を伝えましょう。

> あなたの好みと要望
> ・おいしい料理を食べたい
> ・高い建物が好き
> ・音楽より歴史が好き

4．マイケルさんがどこに行くか提案してきました。あなたの自分の好みや要望をもとにOKを出しましょう。

行く場所 ＿＿＿＿＿＿＿＿＿＿＿＿　＿＿＿＿＿＿＿＿＿＿＿＿
　理由　＿＿＿＿＿＿＿＿＿＿＿＿　＿＿＿＿＿＿＿＿＿＿＿＿

第3章 「フォーカス・オン・フォーム」アプローチの具体例　141

〈ユウさん用の観光パンフレット〉

Go! Go! to OKINAWA ♪

見どころいっぱい沖縄

沖縄料理店・ちゅらさん（Okinawan Restaurant）

首里城（Shuri Castle）

ガジュマル・ビーチ（Gajumaru Beach）

【Sheet B】

沖縄・台湾よくばり旅行に行こう！

あなたは，ニュージーランドから日本に来たマイケルです。今度，友だちのユウさんと沖縄と台湾の台北（タイペイ）に行くことになりました。しかし，予算の関係で，今回は2泊3日の日程です。あなたの持っている台北の情報とユウさんの持っている沖縄の情報をもとに，互いの好みや要望について話し合い，沖縄，台湾のそれぞれ行く場所を2ヶ所ずつ決めましょう。
（→の部分はあなたから話し始めます）

1. ユウさんが，沖縄の情報について伝えてきました。よく聞きながら，あなたの好みや要望を伝えましょう。

> あなたの好みと要望
> ・おいしい料理を食べたい
> ・歴史が好きだ
> ・音楽よりスポーツが好きだ

2. ユウさんがどこに行くか提案してきました。あなたの好みや要望をもとにOKを出しましょう。

   行く場所 _____ _____
   理由 _____ _____

→3. 今度は，あなたが台北のチラシを見せながら，「見どころや特徴」をユウさんに伝えましょう。

台北の情報

場　所	見どころや特徴	
台北102	2004年に建てられたこのビルが	アジアでいちばん高い
台湾料理店	有名なシェフによって作られた料理が	おいしい
温泉	多くの人に利用される温泉が	日本人に人気がある

→4. ユウさんの好みや要望をもとに，台北で2ヶ所行くところを提案しましょう。

第3章 「フォーカス・オン・フォーム」アプローチの具体例　143

〈マイケルさん用の観光パンフレット〉

Exciting city TAIPEI !!

見どころいっぱいの台北

台北 102（Taipei One-O-Two）

台湾料理店・台北故郷（タイペイグーシアン）（Taiwanese Restaurant）

新南投温泉（シンナントウウェンチュエン）（Hot Spring）

〈サンプルダイアローグ〉*100

Yu：Sheet Aの生徒　　*Michael*：Sheet Bの生徒

Yu：Michael, look at this. This is an Okinawan restaurant. You can eat Okinawan food there. Do you like music? The people working at the restaurant sing Okinawan songs for us.

Michael：Oh, can we also hear Okinawan songs there?

Yu：Yes. Do you like history?

Michael：Yes. I want to learn about Okinawan history.

Yu：OK. Look at this. It is Shuri Castle. My friend learning Okinawan culture will teach us its history.

Michael：That sounds nice.

Yu：I think so, too. This is Gajumaru Beach. The sea is very beautiful and you can play beach volleyball on that beach. Do you like it?

Michael：Yes, I love sports. But I don't know how to play beach volleyball.

Yu：Don't worry. The people living near the beach will play with us and teach us.

Michael：Really? I want to go to Gajumaru Beach.

Yu：OK. Shall we visit Shuri Castle and Gajumaru Beach in Okinawa?

Michael：Yes, let's go there.

Michael：Yu, look at this. What would you like to do in Taipei?

Yu：Mm... I'd like to see a tall building.

Michael：OK. This is Taipei 102 (One-O-Two). This building built in 2004 is the tallest in Asia.

Yu：Great. I want to go there.

Michael：OK. How about this? This is a Taiwanese restaurant. The food cooked by a famous chef there is wonderful.

Yu：That's nice. I want to eat delicious Taiwanese food. Let's go there!

*100 活動後に，サンプルダイアローグを提示，あるいは配布して読ませることにより，生徒は焦点を当てている文法項目と他に必要な表現を確認することができます。生徒の習熟度によっては難しいと感じるかもしれませんが，さまざまな表現を学ぶ大切な機会になります。

Michael : OK. Do you like hot springs?
　　Yu : Yes, but there are a lot of hot springs in Japan.
Michael : This hot spring used by many people in Taiwan, is also popular with Japanese people.
　　Yu : I see.
Michael : Yu, shall we go to Taipei 102 and the Taiwanese restaurant in Taipei?
　　Yu : OK.

指導上のヒント

　生徒の習熟度に応じて，活動内容の伝えるべき情報量や2人の好みや要望の数を増減して，難易度を調整することができる。目標とする文法項目は，「分詞の後置修飾」であるが，活動内容の中に，名詞を後置修飾する他の方法（例えば，前置詞句，不定詞の形容詞的用法，関係（代名）詞）を使わなくてはならないような課題を与えることによって，分詞による後置修飾もその一部であるということを理解できるようにする。

3.2.6　関係代名詞（主格と目的格）[*101]

〈文法説明〉

> **説明のポイント**
> ・関係代名詞を含む節が，先行詞の名詞を説明するために使われることを理解させる。
> ・関係代名詞が主格の場合は，who / whichを用い，その後には動詞が続くこと，目的格の場合には，whom / whichを用い，その後には「主語＋動詞」が続くことに気づかせる。
> ・最初から，関係代名詞を含む文の理解，産出を目ざすのではなく，まず「名詞 ＋ 関係代名詞を含む節」という名詞句の理解と産出に焦点化する。[*102]

〈説明の具体例〉　T：教師　　S：生徒　　Ss：生徒全員

T：（店員のイラストを貼る）Imagine that she is a salesperson at a bag shop and I am a customer! I'm looking for a bag. Do you have a nice one?
（店員の声色で）[*103]Yes, we have a very good selection. How about this one? This is a bag … （関係代名詞を含む節を隠すようにカードを貼る[*104]吹き出しを黒板に貼る）

> This is a bag ☐

T：Everyone, do you think she is a good salesperson?
Ss：う〜ん，No.
T：I agree with you. She needs to explain what kind of

[*101] 関係代名詞には，このほかにも所有格などがあり，制限用法・非制限用法の区別があります。ここでは名詞を説明する制限用法と主格・目的格の対比のみを扱っています。

[*102] 関係代名詞の指導で，2つの文をつなぐ文法説明・練習がよく用いられますが，この方法では実際のコミュニケーションのように即座(on-line)に使える知識として関係代名詞を習得させることは難しいと考えられます。そのため，本書では関係代名詞を含む節の「名詞を修飾する」という働きに焦点化して説明・練習する方法を提案しています。

[*103] ALTがいれば，店員役になってもらうとより自然なやり取りになります。

また，愛想のない言い方をして演出をすると生徒からNo.という反応を得やすくなります。

[*104] あらかじめカードの下に，**which is very light and waterproof!** と書いておきます。このように，修飾する節を隠して提示することで，名詞を修飾するという働きへの気づき，英語の語順に沿った理解を促すことができます。

bag this is, right?（関係代名詞を含む節を隠している部分に「どのような？」と記入する）

> This is a bag　どのような？

Ss：Yes!
T：（吹き出し中のカードをはがす）If she says, "This is a bag which is very light and waterproof," don't you think that will be much better?
Ss：Yes!

> This is a bag **which** <u>is very light and waterproof</u>!*105

T：Okay, class, repeat after me. This is a bag which is very light and waterproof.
Ss：This is a bag which is very light and waterproof.
T：I talked about a story in a bag shop. Now I am at a hair salon to have my hair style changed!（美容師の受付のイラストを貼る）Hello! I want to have my hair in a cool style.
（店員の声色で）Hi! Okay. We have hairdressers.（関係代名詞を含む節*106を隠すようにカードを貼った吹き出しを黒板に貼る）

*105　この文法説明では，関係代名詞（whoやwhich）を太字，関係詞を含む節全体に下線を引いて強調して提示しています。それによって関係代名詞を含む節が１つのまとまりとして名詞を修飾していることを意識させることになります。

*106　ここでは，カードの下に，**who** <u>won first prize in a hairdressing contest</u>!とあらかじめ書いておきます。

148

We have hairdressers

T : Would you like to have your hair cut at this salon?
Ss：うーん，どうしようかな〜。
T : Yes! That's what I'm wondering. She needs to explain more about the hairdressers. （関係代名詞を含む節を隠している部分に「どのような人？」と記入する）

We have hairdressers　どのような人？

T :（吹き出し中のカードをはがす）If she says, "We have hairdressers who won first prize in a hairdressing contest," then what do you think?

We have hairdressers <u>who won first prize in a hairdressing contest</u>!

S：これだったら行きたくなるかも。
T : Me, too!

第3章 「フォーカス・オン・フォーム」アプローチの具体例 149

T：それでは，今挙げた2つの例を詳しく見てみましょう。バッグの店員も美容院の受付の人も最初何がいけなかったのでしょうか。
S：説明不足だよ！
T：そうでしたね。単に，This is a bag.とか，We have hairdressers.と言われても「どのようなバッグか？」とか「どのような人なのか？」がわからないと選ぶ根拠がなく，迷ってしまいますね。美容院でひどい髪型にされたら一大事です！では，英語ではどのように説明していましたか。
S：who won first prize in a hairdressing contestって言っていた！
T：その通り！ 美容師の場合には，「どのような人？」についての説明をするためにwhoを名詞の後ろにつなげ，「どのような人？」に関して説明をしますよという合図を出しているのですね。では，バッグの場合には，どうだったでしょうか。
S：whoを使っていない。
T：そうですね。「どのようなものか説明しますよ」という合図をwhichが出していたことに気づきましたか。それでは，まずバッグの例から口に出して練習してみましょう。a bag which is very light and waterproof[*107]
Ss：a bag which is very light and waterproof
T：This is a bag which is very light and waterproof.
Ss：This is a bag which is very light and waterproof.
T：Great. Next, hairdressers who won first prize in a hairdressing contest
Ss：hairdressers who won first prize in a hairdressing contest
T：We have hairdressers who won first prize in a hairdressing contest.
Ss：We have hairdressers who won first prize in a hairdressing contest.
T：Excellent! ほかの例も挙げてみましょう。（次頁の

[*107] 最初から一文を言わせるのではなく，関係代名詞を含む名詞句から一文へと言わせるなどして，句を1つの塊として捉えるよう促します。
　また，学習者の習熟度に応じてa bag which is very light ⇒ a bag which is very light and waterproof ⇒ This is a bag which is very light and waterproof.と段階的に長くするなど工夫します。

(girl raising hand)	the girl どのような人？ ↓ the girl **who** is raising her hand	the desk どのようなもの？ ↓ the desk (**which**) the girl is using
(man at computer)	the man どのような人？ ↓ the man **who** is using a computer	the computer どのようなもの？ ↓ the computer (**which**) the man is using
(car)	the car どのようなもの？ ↓ the car **which** is very cool	the car どのようなもの？ ↓ the car (**which**) the man is driving
(clock)	the clock どのようなもの？ ↓ the clock **which** has two bells	the clock どのようなもの？ ↓ the clock (**which**) I bought in 2010

表[108]を貼る）

T：では，この女の子の机に注目してみましょう。この机についてどのように説明できるでしょうか。

S：ん〜，よくわかりません。

T：ヒントは，誰が使っている机なのかです。

S：女の子が使ってる！

T：ということは，the desk ... ?

S：the desk the girl is using?

T：Great!（関係代名詞を含む節を隠しているカードを取る）

S：あ，でもwhichつけ忘れちゃった。

T：いいポイントですね。よく見てください。（目的格の関係代名詞を指す）カッコがついています。

S：本当だ。

[108] まず，左側の主格用法の部分のみを貼り，次に右の目的格用法について例を挙げながら解説します。

また，カードを使って関係代名詞を含む節を隠すことで，名詞だけでは説明が足りないことを示したり，関係代名詞だけを見せてそれに続く節を生徒に考えさせたりするなどの工夫が可能となります。

T：つまり，このときは省略ができるということなのです。でも左側のwhoやwhichにはカッコがついていませんね。この違いは何でしょうか。もう少し例を見てみましょう。（残りの目的格の例も同様に確認する）

T：さて，右側と左側で何が違うかわかる人いますか？

S：えぇ～。ヒント，ヒント！

T：ヒントは，whoやwhichのすぐ後はどうなっているでしょうか？

S：あ！左側は，isとかhasで，右側はmanとかgirlだ！

T：その通り，whoやwhichの後が「主語＋動詞」になっている場合には，省略できます。でも，忘れてはいけないのは，どちらもwhoやwhichの前の名詞を説明しているということです。

指導上のヒント

　本項では，関係代名詞を用いた英文を使い，関係代名詞を含む節が直前の名詞を説明するという働きを意識させながら説明を行った。

　リスニングやリーディングで関係代名詞が使われた文を理解する場合においても，従来のように後ろから訳させるのではなく，前から意味のまとまりごとに内容を理解させるように指導する。例えば，I bought a mobile phone **which** has lots of functions.の理解を確認する際に，「私は，携帯電話を買いました，**どのような物かというと**，機能がたくさんあるものです。」と説明することで，英語の流れに沿ったスムーズな理解を促す指導になる。

「関係代名詞（主格と目的格）」のプラクティス

技能 Reading

目的 関係代名詞を含む節の働き（名詞を説明する）と形式（先行詞の種類と関係代名詞の格によって使われる関係代名詞が異なること）を理解させ，「名詞＋関係代名詞を含む節」をかたまりとしてとらえることに慣れさせる。

準備 なぞなぞ（English riddles）[109]が書かれた紙片，なぞなぞの正解に該当するイラストまたは写真[110]，封筒（中になぞなぞが書かれた紙片，イラストを入れておく）

手順
1. 4〜5人のグループを作らせ，なぞなぞが書かれた10枚の紙片の入った封筒を各グループに1つずつ配る。
2. 例題の英文を板書し，生徒に答えを考えさせる。
3. 黒板にカード「　なぞなぞ（名詞句）　is　答え　．」を貼り，カードに沿って例題の答えを言わせる。
4. 制限時間15分間[111]の内，グループで相談させながら，封筒の中に入っているなぞなぞの正解に該当するイラストを見つけるよう指示する。
5. 答えがわかったら教師のところに該当するイラストを持って来させ，例題の要領で答えさせる[112]。イラストと名詞の両方が正解なら2ポイント，イラストだけ正解の場合は1ポイント，両方とも不正解なら0ポイントを加算する。

---

[109] なぞなぞの問題文の中に関係代名詞が含まれています。問題数は，今回は10問ですが，生徒の習熟度や時間を考慮して数を調節します。
　紙片は，1つの問題につきグループの数だけ用意します。

[110] 錯乱肢として正解以外のイラストや写真を入れておくと，活動がより難しくなり，グループでの話し合いが活発になります。

[111] 15分は目安であり，生徒の習熟度や進み具合によって調整する必要があるでしょう。

[112] 生徒が教師に解答を伝える際に，例題で答え方を示したようになぞなぞの問題文を読ませることで，関係詞節を含む名詞句の定着を図るねらいがあります。

第 3 章 「フォーカス・オン・フォーム」アプローチの具体例

問題

例題　a word **which** you must not say to Jack on a plane

答え方　A word which you must not say to Jack on a plane is "Hi, Jack".
理由　"Hi, Jack" ＝ hijack

① a thing **which** is stronger than paper but weaker than a rock
② an animal **which** is a kind of bird but cannot fly
③ a person **who** can fly a plane
④ a thing **which** one man can carry, but a hundred men can't stand on end*
　　　　　（※ stand 〜 on end：〜を直立させる）
⑤ a letter of the alphabet **which** one can drink
⑥ a type of clothes **which** a house wears
⑦ a thing **which** runs around a house but doesn't move
⑧ a thing **which** has four legs and a back but no body
⑨ a thing **which** goes up when the rain comes down
⑩ a thing **which** you can hold in your left hand, but not in your right hand

解答
① scissors　② penguin　③ pilot　④ rope
⑤ T (tea)　⑥ address (a dress)　⑦ wall
⑧ chair　⑨ umbrella　⑩ right elbow

Picture List *113

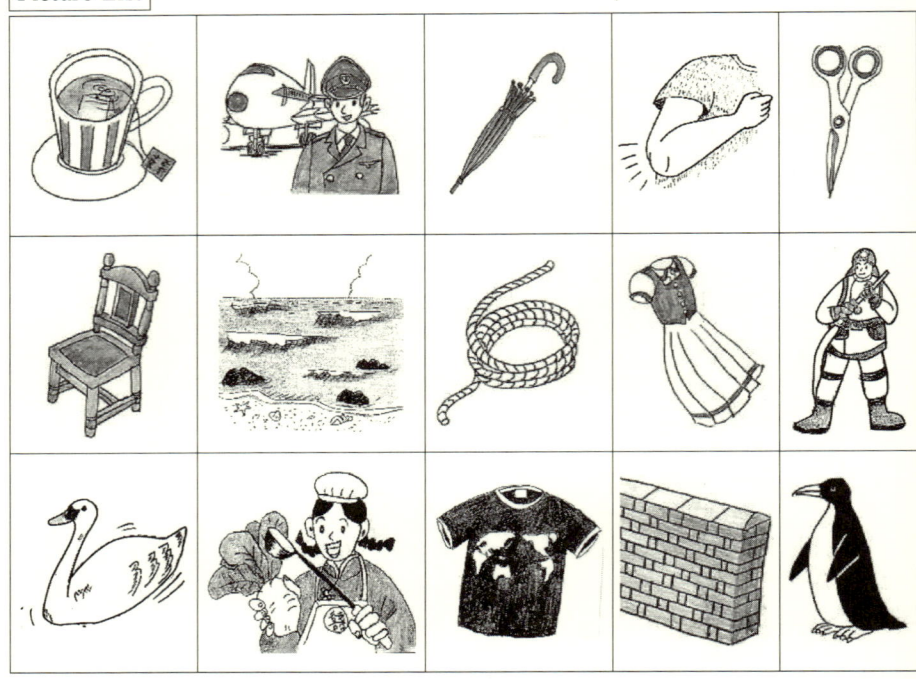

〈生徒とのやり取りの例〉

T：（活動後）It's about time to finish! Stop discussing. Have you enjoyed English riddles? The winning group **which** got the highest score is ... Group X! A big hand, class.

S：すご〜い。

T：Great job, Group X! So, shall we check the answers? Who can answer question No. 1?

S：はい！

T：では、○○さん、（カード「　なぞなぞ（名詞句）　is　答え　.」を指さしながら）例題の要領で答えてみてください。*114

S：A thing **which** is stronger than paper but weaker than a rock is scissors!

*113 実際に使用する際は、イラストを1つずつ切り離して封筒などに入れて生徒に渡します。

*114 この活動を通して、関係代名詞で修飾される名詞が主語となる文を繰り返し練習することになります。

T：That's right! これは，何の説明ですか。
S：じゃんけん！
T：Yes. a thing の後に **which** があるので，「どんなもの？」にあたる内容が来るのでした。ここでは，**which** is stronger than paper but weaker than a rock とありますので，紙より強く，石より弱いのははさみ，scissors が正解ですね。[*115]
（この要領で，関係代名詞を含む節を意識させながら答え合わせをする）

指導上のヒント

このプラクティスでは，教師がなぞなぞを用意したが，生徒に関係代名詞を用いて簡単ななぞなぞを作らせる活動を行うこともできる。それによって産出技能として関係代名詞を練習させることも可能である。

*115
Cultural Notes: 英語でのじゃんけんではよく，rock＝「グー」，paper＝「パー」，scissors＝「チョキ」が用いられますが，イギリスでは，rock の代わりに stone を用いるようです。

「関係代名詞（主格と目的格）」のFonF活動[116]

技能 Reading & Writing

目的 名詞の特徴を説明している関係代名詞を含む文章を読んだり，書いたりさせることで，関係代名詞の「名詞を修飾する」という働きを理解し，意識しながら使えるようにする。

手順
1. ワークシート（「理想の飼い主を探せ！」と メール画面 ）を配布し，活動の指示の部分を読ませ，設定や課題を確認させる。
2. 生徒に，もっとも良い飼い主を決める「飼い主探しメールコンテスト」を，活動後に開催することを知らせる。[117]
3. ワークシート内の指示に従って活動を行わせる。
4. 生徒がメールを作成し終えたら，グループを組ませ，評価シートをもとにその中でもっとも理想的な飼い主を探すことのできるメールを決めさせる。
5. 相談時間を設け，グループ内で決めたメールの文章をさらによいものにするために意見を出し合い，改善させる。
6. 各グループの代表メールを教室内に掲示する。次に，全員が審査員となって，評価シートをもとにクラスのNo. 1 メールを決める「飼い主探しメールコンテスト」を開催する。

[116] この活動は，Input Flood を用いた Focused Taskです（第2章2.2.6および「用語の解説」参照）。意味を伝えることを第一義としながらも，関係代名詞を使うように仕向けているところがポイントです。しかし，関係代名詞は生徒に避けられがちなので，活動の後に生徒の書いたメールやサンプルのメールをもとに関係代名詞に焦点を当てたフィードバックを与えることが重要でしょう。

[117] このときに，「よいメールとは何か」をペアやグループで話し合わせてもよいでしょう。

理想の飼い主を探せ！

あなたは，現在アメリカに住んでいて，去年生まれた子犬，Luckyの新しい飼い主（foster family）を探しています。先日，広告で飼い主を募集したところ，複数の人から詳しい情報を求める連絡がありました。その人たちの中からLuckyを大切に育ててもらえそうな飼い主を見つけ出すため必要な情報をメールで書きましょう！

1. まず，Luckyに関する情報と新しい飼い主に求める条件を確認します。

〈About Lucky〉

- ▶種類：茶色の毛色（brown coat）を持つダックスフント（オス）
- ▶年齢：1歳
- ▶体長：50 cm
- ▶体重：13 kg（ちょっと太りすぎ）
- ▶特徴・性格：
  - ■ 人なつこい（friendly）
  - ■ 初めて会う人にはよく吠える
  - ■ 大きな音が嫌い

- ▶条件：
  - ■ 毎日公園に散歩に行くことができる人
  - ■ 室内犬での訓練経験がある人
  - ■ Luckyが好きな大きい裏庭（backyard）のある家
  - ■ よい医者がいる動物病院（animal hospital）に近い家
  - ■ 騒音が聞こえてこない環境

2. 次に，ペットショップでもらったダックスフント（dachshund）に関する一般的な情報を読んで，その中で**特にLuckyを飼う人に必要な情報を4つ**選び，下線を引きましょう。

〈About dachshunds〉

- The dachshund is a dog which has short legs and a long body.
- *Dachs* means "badger*," and *Hund* means "dog" in German.
- Dachshunds are very playful, but do not like unfamiliar people. So they sometimes bite people who they don't know.
- Dachshunds which are not trained well may bark loudly. So they need an owner who has good training skills.
- Dachshunds which are left alone a lot bite things in the house.
- The food for them is pet food which is low fat*.
- Dachshunds are one of the most popular pets in the U.S.

（※ badger アナグマ，low fat 低脂肪の）

3. 上記1．のLuckyの特徴と，2．で選んだ情報を踏まえて，理想の飼い主に必要な条件を伝えるメールを書きましょう。ただし，上で挙げた条件のほかにも自由に条件を設定してかまいません！

メール画面

To : A future owner

From : _____

Title : Information about Lucky

Dear future owner,
(最初のあいさつ文)

- A foster family should be a family ...
  - ＞
  - ＞
  - ＞

- You should have a house ...
  - ＞
  - ＞
  - ＞

(終わりのあいさつ文)

YOUR NAME : _____

メール画面（サンプル）

To : A future owner

From : Toru

Title : Information about Lucky

Dear future owner,
Hello. I am Toru. Thank you for sending me an email. I'd like to tell you about the best kind of owner and environment for Lucky.

- A foster family should be a family ...
  - ▲ **who** can walk him in the park everyday.
  - ▲ **who** need to have experience in training dogs inside the house because dogs **which** are not trained may bark loudly.
  - ▲ give Lucky pet food **which** is low-fat.

- A foster family should have a house ...
  - ▲ with a large backyard **which** Lucky likes.
  - ▲ **which** is far from noisy places, because he doesn't like loud noises.
  - ▲ **which** is located near an animal hospital with a good doctor.

I hope you will be a good foster family for Lucky.
Best wishes,
Toru

〈生徒とのやり取りの例〉
T：メールを書き終わりましたか？
Ss：はい！
T：それでは，4人1組のグループを作ってください。4人のメールの中でどのメールがもっとも理想的な飼い主を探し出せそうか決めてください。その際に，評価シートを配布しますので，それをもとに話し合ってください。
　　　　　　　（10分後）
T：グループ代表のメールは決まりましたか？
Ss：はい！
T：では，グループでアイディアを出し合って，代表のメールをさらに修正してみましょう。終わったところから掲示したいと思います。
　　　　　　　（5分後）
T：（代表作品を掲示する）どれも素晴らしいですね。では，再度評価シートを配布[118]しますので，みんなが審査員となって各グループのメールを評価してみましょう。

*118　生徒が評価する作品の数に合わせて評価シートを配布します。

評価シート（例）

「飼い主探しメールコンテスト！」評価シート				
メールを書いた人（グループ）：（　　　　　）				
■必要な情報が盛り込まれているか？	十分			不十分
■ダックスフント全般に関する情報	4	3	2	1
■ラッキーに関する情報	4	3	2	1
■正確な英語になっているか？	4	3	2	1
■よい飼い主を見つけ出せるメールか？				
■よい飼い主に限定できるか？	4	3	2	1
■よい環境に限定できるか？	4	3	2	1
合計：				

　　　　　　　（20分後）[119]
T：評価は終わりましたか。（評価シートを回収する）今回の，「飼い主探しメールコンテスト！」の優勝作品

*119　この時間はあくまで目安ですので，掲示するチラシの枚数や生徒の状況を確認しながら決めましょう。

は…○○さんのメールです！拍手！
Ss：すごい！おめでとう！
T：どこがよかったのか考えてみましょう。○○さんの作品では，新しい飼い主に必要な条件がしっかり盛り込まれています。こんな文が使われていますね。A foster family should be a family who can walk him in the park every day.[120]（英文を板書する）この文では，a personをどのように説明していますか？
S：whoを使って説明しています。
T：その通り！whoやwhichで名詞を説明できるのでしたね。では，○○さんの作品の中でwhoやwhichを探してみましょう。[121]
S：結構使ってる。
T：どのような文がありましたか？
S：She/He should give Lucky pet food which is low-fat.
T：そうですね。Luckyにはどんなペットフードをあげるべきですか？
S：低脂肪のペットフード？
T：そうですね。Luckyはちょっと太り気味だから気をつけて欲しいですよね。ほかには何かありましたか？

[120] ここでは，サンプルのメール画面から文をとっていますが，実際には生徒の作品から関係代名詞が使われている文を紹介するとよいでしょう。

[121] 生徒に発見させながら，関係代名詞に対する意識を高めるとよいでしょう。

指導上のヒント

このFonF活動全体を1回の授業で行うのではなく，最初の授業でメールを作成させ，次の授業でグループでの相談とメールコンテストを行うなど，2回に分けて行うことも可能である。

ダックスフントに関する一般的な情報を読ませるリーディングの活動を，ビデオや音声による提示法に変えて，リスニングの活動として活用することもできる。また，生徒に「自分が生徒会の会長で役員を選ぶとすれば，どのような人か」などを考えさせ，その条件をこのFonF活動で作成したメールなどを参考に，英語で友だちと話し合わせるスピーキングの活動を行うこともできる。

3.2.7 自動詞と他動詞

〈文法説明〉

> 説明のポイント
> - 英語の動詞には自動詞と他動詞[*122]の2種類があり，自動詞は目的語[*123]を伴わず，他動詞は目的語を伴うものであることを理解させる。
> - 自動詞の場合，主語自体が何かをするのに対して，他動詞の場合，主語が何かに働きかけるという違いがあることを理解させる。
> - 動詞と主語および動詞と目的語との関係について考えさせながら，同じ動詞でも自動詞と他動詞で違う意味になる場合があることを理解させる。

〈説明の具体例〉　T：教師　　S：生徒

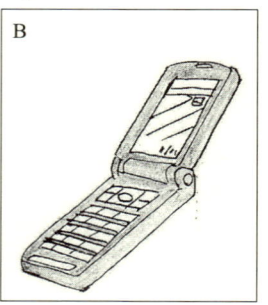

T：（イラストAを貼る）This is Nick. He is from England. He is my friend.

[*122] 生徒が自動詞と他動詞という文法用語に馴染みのない段階では，「自動詞＝目的語を必要としない動詞」，「他動詞＝目的語を必要とする動詞」と言い換えてもよいでしょう。

[*123] 目的語は「～を」や「～に」に当たるもので，自動詞は目的語をとらず表現できるのに対して，他動詞は目的語を必要とすることを，あらかじめ確認しておきます。また，文型について触れるのもよいでしょう。

第 3 章　「フォーカス・オン・フォーム」アプローチの具体例　163

T：（イラストBを貼る）He has something in his hand. What does he have?
S：A cell phone*124.
T：That's right. He has a cell phone. He bought it ten years ago.
S：えっ，古い…
T：So he decided to buy a new one. One day, he showed up with this cell phone.（イラストCを貼る）

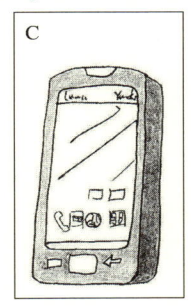

*124
📖*Cultural Notes*:
mobile phone（あるいは省略してmobile）と表現するのがイギリス英語では，一般的です。また，cell phoneは，cellular phoneを省略した表現であることを確認してもよいでしょう。

S：あっ，スマートフォンだ！
T：That's right.（イラストDのように矢印を貼る）

T：では，ニックに向かって，「あっ，君の携帯，変わったんだね！」と英語で言うには，どのように表現したらよいですか。
S：Oh, your cell phone changed!*125
T：なるほど。（Your cell phone changed.と板書する）では，こういうことですか。（イラストEのように魔法の絵を挿入する）

*125
📖*Cultural Notes*:
アメリカ英語ではYour cell phone changed.と過去形で表現しますが，イギリス英語では現在完了形を用いて，Your mobile (cell) phone has changed.と表現する方が普通のようです。しかし，より自然なのは，changeを他動詞として，You have changed your mobile (cell) phone for a new one.とする表現です。

E （by magic）

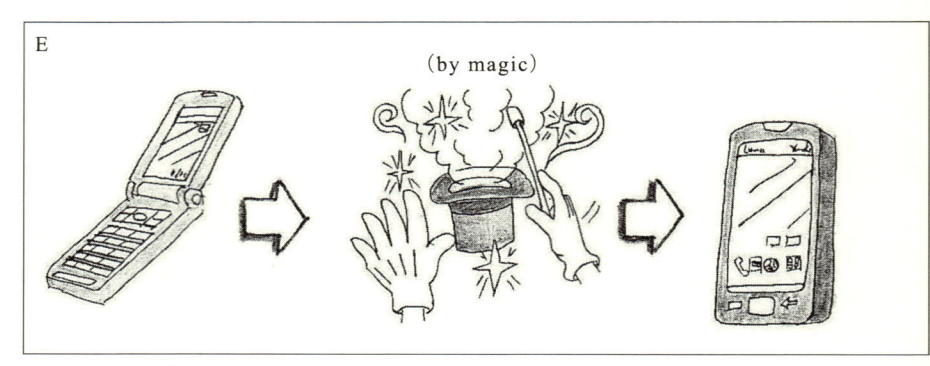

S：えっ…，違う！ 魔法じゃないよ！
T：そうですね。しかし，イギリス人のニックにはまるで魔法で変わったかのように聞こえてしまうかもしれません。
S：なんで？
T：まず，この場合のchangeはどのような意味ですか。
S：変わる。
T：その通りです。「携帯が変わった」と言っています。しかし，誰がどのように変えたのかについては何も触れていません。どのように変わったのか，いろいろと想像できてしまうわけです。（by magicを加えて板書し，英文の右側に「change＝変わる」と板書する）
S：へぇ〜。
T：この文では，主語のYour cell phone自体が変わったという意味になります。このchangeは自動詞で，目的語がありませんね。（英文の前に赤字で**自動詞**と板書する）では，はっきりと「誰が」変えたのかを言うには，どのように表現したらよいですか[126]。
S：えーと，You changed cell phone ...
T：「あなたの古い携帯」を「新しいもの」に変えたのですよね。
S：You changed your old cell phone ... for a new one.
T：その通りです。（You changed your old cell phone for a new one.と板書する）この場合のchangeはどのような意味ですか。

*126　5種類のフラッシュカード（You, your old cell phone, a new one, for, changed）を用意し，正しい順番で並べ替えさせることもできます。

第3章 「フォーカス・オン・フォーム」アプローチの具体例　165

S：変える。
T：そうです。（英文の右側に「change＝〜を変える」と板書する）この文では，changeの後ろに「あなたの古い携帯を」という目的語があるので他動詞になります。（英文の前に赤字で**他動詞**と板書する）他動詞のchangeを使うと，誰が変えたのかを明確に述べる表現となります。では，もう一度確認しましょう。自動詞の文では，変わったのは何でしたか。
S：携帯。
T：そうですね。（自動詞の文のYour cell phoneの部分を**赤い○で囲む**）では，他動詞の文では，変わったのは何でしたか。
S：えーと，your old cell phoneかな？
T：その通りです。（他動詞の文のyour old cell phoneの部分を赤い○で囲む）変わったものはcell phoneでどちらの文でも同じでしたが，その位置が違いますね。changeの前にcell phoneが来ると「変わる」という意味になり，それ自体が「変化した」ことを伝える表現となります。一方で，changeの後にcell phoneが来ると「〜を変える」という意味になり，誰が何を変化させたのかがはっきりします。*127（Youに下線を引く）

○最終的な板書例

自動詞　⟨Your cell phone⟩ changed (by magic).
　　　　　　　　　　　　　　　change ＝ 変わる
他動詞　You changed ⟨your old cell phone⟩ for a new one.
　　　　　　　　　　　　　　　change ＝ 〜を変える

▶ 指導上のヒント

1．文法説明の際に次のような例文を提示し，「変化したもの（しているもの）」に○をつけさせ，2つの文の意味を対比させることによって，自動詞と他動詞の違いを確認することもできる。

＊127　自動詞と他動詞の違いを明確にするために，このような説明をしています。しかし，例えば，無生物主語（the cell phone）を含む，The cell phone has changed society. という文は説明していません。このため，「changeの後に目的語が続いていない場合は『変わる』という自動詞の意味になり，主語自体が変化したことを伝える表現となります。それに対して，目的語が続いている場合は『〜を変える』という他動詞の意味になり，主語が目的語を変化させたことを伝える表現となります。」というまとめの解説を，学習者に応じて行うとよいでしょう。

☆「変化したもの」に○をつけ，changeの意味の違いに注意しながら，各文の意味を書きなさい。

- 1-A　Human beings are <u>changing</u> the environment.
  _____
- 1-B　The environment is <u>changing</u>.
  _____

- 2-A　I want to <u>change</u> the program.
  _____
- 2-B　The program <u>changed</u> suddenly.
  _____

解答例

1-A．Human beings are changing ⟨the environment⟩.
　　　人間が環境を変えつつあります。
1-B．⟨The environment⟩ is changing.
　　　環境が変わりつつあります。
2-A．I want to change ⟨the program⟩.
　　　私は番組を変えたいです。
2-B．⟨The program⟩ changed suddenly.
　　　番組が突然変わりました。

2．以下のようにchange以外の動詞[*128]を練習しておくと，次のプラクティスにスムーズに移行することができる。

[*128] 自動詞と他動詞の両方の意味を持つ動詞として，他にも，drop, turn, move, open, burn, leaveなどがあります。動詞によって自動詞にしかならないもの（例えば，happen），他動詞にしかならないもの（例えば，say），どちらでも使えるもの（例えば，change）があることを，あわせて確認してもよいでしょう。

第3章 「フォーカス・オン・フォーム」アプローチの具体例　167

☆breakの意味の違いに注意しながら，各文の意味を答えなさい。
1） My computer broke suddenly.

2） The big dog broke my computer.

解答例
1） 私のパソコンが突然壊れました。
2） 大きな犬が私のパソコンを壊しました。

「自動詞と他動詞」のプラクティス

技能	Writing
目的	主語と目的語に着目しながら，自動詞と他動詞の意味の違いについて理解を深めさせる。
手順	1．答えをノートに書くように指示する。 2．絵をプレゼンテーションツール*129で提示し，（　）内の語句を使って2種類の絵（AとB）の状況を比較しながら，英語で表現させる。

*129　絵をプリントで配布することもできますが，プレゼンテーションツールでアニメーションをつければ，動作や変化のイメージがしやすくなります。

168

|問題|
（　）内の語句を用いて，それぞれの絵の状況を説明する英文を書きなさい。

1-A*130　(loudly, is ringing)

*130 「鳴っているもの」はthe bellです。主語のthe bell自体が鳴っていることを表します。

1-B*131　(is ringing)

Kumiko

*131 「鳴っているもの」は，the bellsです。クミコがベルを鳴らしているので，the bellsは目的語になります。

2-A*132　(suddenly, opened)

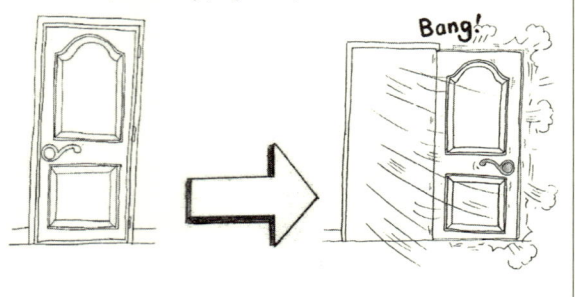

Bang!

*132 「開いたもの」はthe doorです。主語のthe door自体が開いたことを表します。

第 3 章 「フォーカス・オン・フォーム」アプローチの具体例　169

2-B*133　(opened)

*133 「開いたもの」は the door です。猫がドアを開けたので，the door は目的語になります。

3-A*134　(on two legs, is walking)

*134 「歩いているもの」は the dog です。主語の the dog 自体が歩いていることを表します。

3-B*135　(is walking)

Akiko

*135 「散歩しているもの」は the dog です。他動詞の walk には「〜を散歩させる」という意味があり，アキコが犬を散歩させているので，the dog は目的語になります。

4-A*136 (is watering)

Taro's mouth

4-B*137 (is watering)

Ken

*136 「よだれをたらしている」はタロー（の口）です。主語のTaro's mouth自体がよだれをたらしていることを表します。

*137 「水がかかっている」のは the flowers です。ケンが花に水やりをしているので, the flowersは目的語になります。

|解答例|
1-A. The bell is ringing loudly.
1-B. Kumiko is ringing the bells.
2-A. The door opened suddenly.
2-B. The cat opened the door.
3-A. The dog is walking on two legs.
3-B. Akiko is walking the dog.
4-A. Taro's mouth is watering.
4-B. Ken is watering the flowers.

〈生徒とのやり取りの例〉

T：では，カッコ内の英語を使って，絵の状況を表現してみてください。まず，この２つの絵の状況について考えてみましょう。最初の絵はどのような状況ですか。

S：ベルが鳴っています。
T：「ベルが」鳴っているのですね*138。英語で表現してみましょう。
S：The bell is ringing loudly.
T：正解です。では，2つ目の絵はどのような状況ですか。
S：クミコがベルを鳴らしています。
T：そうですね。では，この絵の内容を英語で表現してみましょう。
S：The bells are ringing Kumiko.
T：これだとベルがクミコを鳴らしていることになってしまいます。「鳴っているもの」は何ですか。*139
S：ベルです。
T：誰がベルを鳴らしていますか。
S：クミコです。
T：その通りです。ここでは「誰が」鳴らしているのかがはっきりしていますので，クミコが主語になり，ベルは目的語になります。では，もう一度英語で表現してみましょう。
S：Kumiko is ringing the bells.
T：Good!

*138 主語自体が「鳴っているもの」であることを確認します。

*139 ここでは，目的語が「鳴っているもの」であり，主語は「女性」になることを確認します。

「自動詞と他動詞」のFonF活動*140

技能　Reading & Speaking
目的　自動詞と他動詞の意味の違いを理解し，意識的に使い分けができるようにする。
手順　1．英文シートを配布し，下線部の動詞の意味の違いに注意させながら，1〜2分程度で読ませる。その際，日本語でメモを取ってもよいことを伝える。
　　　2．生徒が読み終えたら，教師とクラス全体で内容確認を英語で行う。その際，「質問と解答例」のように，主にwalkとpassを含む文を答えさせ，自動詞と他動詞の使い

*140 これは，Input FloodとInput Enhancement（第2章2.2.6，用語の解説参照）の手法を参考にしたFonF活動です。スピーキング活動で，質問に答えるために，自動詞あるいは他動詞を含んだ英文を使用しなければならない点がポイントです。

分けを意識させる。
3．ワークシートを配布し，2つの動詞の意味と使い方についてまとめさせる。

英文シート

　　Hachiro was a faithful dog that lived in Yokohama. He ①walked behind his master to Yokohama Station every morning and waited there all day for him to come back. His master ②walked Hachiro home every evening. One day his master died and could not come back to the station anymore. Hachiro continued to walk to the station and faithfully waited for his master there, long after his master could not come to meet him. As the years ③passed and Hachiro got older, he became very stiff and could barely ④walk to Yokohama Station. But still he went to the station, so his owner's daughter tried to ⑤pass Hachiro on to another family. He stayed, however, at the station every day until he died. He became famous for his loyalty and was admired by a lot of people who ⑥passed by the station every day. Today, the big silver statue of Hachiro is a famous meeting place. His statue is a place where friends and family long separated come together again.

| 質問と解答例 |*141

1. What did Hachiro do every morning? ― He walked to Yokohama Station.
2. What did his master do every evening? ― He walked Hachiro home.
3. What did his master's daughter try to do? ― She tried to pass Hachiro on to another family.
4. Who admired Hachiro? ― A lot of people who passed by the station every day.

〈生徒とのやり取りの例〉

T：I'll ask you some questions about the story. What did Hachiro do every morning?
S：He walked ... Yokohama Station.
T：He walked ...?*142
S：He walked Yokohama Station.
T：He walked to*143 Yokohama Station. What did his master do every evening?
S：He walked Hachiro home.
T：Right. What did his master's daughter try to do?
S：She tried to ... Hachiro pass?
T：She tried to ...?
S：She tried to pass Hachiro to another family.
T：Right. She tried to pass Hachiro on to another family. Who admired Hachiro?
S：A lot of people who passed by the station every day.
T：Good!

*141 ここでは、walkとpassが答えに含まれるような質問に限定していますが、本文の内容に関する質問をさらに追加してもよいでしょう。

*142 すぐに生徒の誤りを訂正するのではなく、自分の誤りに気づかせるように、clarification request（明確化要求：相手の発言を明確にするように求める質問。詳細は「用語の解説」参照）などで発話の機会を再度与えましょう。

*143 誤りが修正されない場合は、さらに生徒の気づきを促すために、walkedのあとで一度ポーズをおき、toがはっきりと聞こえるように読むとよいでしょう。

ワークシート

配布した英文シートに出てくる①~⑥のwalkとpassの意味をそれぞれ書きなさい。次に,自動詞・他動詞のどちらかに○をつけ,自動詞と他動詞のルールをまとめましょう[*144]。

	動詞の意味	自動詞 ／ 他動詞
①walk		自動詞 ／ 他動詞
②walk		自動詞 ／ 他動詞
③pass		自動詞 ／ 他動詞
④walk		自動詞 ／ 他動詞
⑤pass		自動詞 ／ 他動詞
⑥pass		自動詞 ／ 他動詞
ルールのまとめ		

[*144] この活動は,Consciousness-raising task(第2章2.2.6参照)と呼ばれる手法を参考にした活動です。ここでは,目的語の有無によって動作主が変わることをまとめて再確認し,動詞の意味の違いに対する意識を高めることをねらいとしています。

解答例

①歩く,自動詞　　②歩かせる,他動詞
③過ぎる,自動詞　　④歩く,自動詞
⑤手渡す,他動詞　　⑥通り過ぎる,自動詞

ルールのまとめ:自動詞は目的語を伴わず,主語が行う動作を表しているのに対して,他動詞は目的語を伴い,主語が目的語に対して行う動作を表している。

指導上のヒント

次のようなワークシートを配布し,日本語の意味に当てはまる動詞を英文シートの①~⑥から選び,その番号を書かせる活動[*145]にすることもできる。

[*145] あらかじめ日本語で動詞の意味を提示することにより,生徒の英文理解を容易にすることができます。

第3章 「フォーカス・オン・フォーム」アプローチの具体例　175

> ワークシート

配布した英文シートに出てくる①～⑥のwalkとpassの意味として当てはまるものを選び，それぞれ番号を書きなさい。次に，自動詞と他動詞のルールをまとめましょう。

自動詞／他動詞		動詞の意味	本文中の番号
walk	自動詞	歩く	
	他動詞	～を歩かせる，連れて歩く	
pass	自動詞	過ぎる，通り過ぎる	
	他動詞	～に手渡す	
ルールのまとめ			

> 解答

歩く：　①，④
～を歩かせる，連れて歩く：　②
過ぎる，通り過ぎる：　③，⑥
～に手渡す：　⑤

ルールのまとめ：自動詞は目的語を伴わず，主語が行う動作を表しているのに対して，他動詞は目的語を伴い，主語が目的語に対して行う動作を表している。

3.2.8 過去形と過去完了形

〈文法説明〉

> **説明のポイント**
> - 過去の出来事に関しては「過去形」を使い，過去の出来事とその前に起こったことを関連づけて表現したり，時間差を明確にしたい場合には「過去完了形」を用いることを理解させる。
> - 「過去の時点よりも前に起こった出来事なら何でも過去完了形を使う」と誤解している生徒もいるので，用法を理解させる。
> - 「過去形」と対比させながら，どのような場面で「過去完了形」が使用されるのかについて理解を深めさせる。

〈説明の具体例〉　T：教師　　S：生徒

T：（ケンのとても悲しそうな顔のイラストを黒板の右上あたりに貼る）This is my friend Ken. He looks very sad. Why? What happened to him?（少し間を置く）He said, "When I got to the airport, the plane had already left."[146]（少し間を置く）I'll tell you what happened to him yesterday.

*146 英文を聞かせ，ケンがなぜ悲しんでいるのかを考えるきっかけを与えます。got toの代わりにarrived at, leftの代わりにtaken offでもよいでしょう。

T：Ken went to Haneda Airport to go to Hokkaido yesterday. He wanted to arrive at Haneda by 2：20 p.m.（少し間を置く）But he got there at 3：00 p.m. because of a terrible traffic jam.（黒板に時刻を表す軸と「3：00 p.m., yesterday, 現在」と，それぞれ書く。そして，ケンが空港に着いた様子のイラストAを貼る）

第 3 章　「フォーカス・オン・フォーム」アプローチの具体例　177

```
                    3:00 p.m.              現在
                    yesterday
───────────────────────────────────────────────────▶
                            A.
```

T：彼が乗るべき飛行機は 10 分前に離陸していました。
　　（黒板に，2：50 p.m., yesterday と書き，飛行機が出発している様子のイラストBを貼る）

```
        2:50 p.m.       3:00 p.m.           現在
        yesterday       yesterday
───────────────────────────────────────────────────▶
     B.              A.
```

T：ケンのこの状況をまとめると，「ケンが空港に着いた時，飛行機はもう離陸していた。」のですね。（イラストの下に，「ケンが空港に着いた時，飛行機はもう離陸していた。」という日本語のカードを黒板に貼る）このことを英語でどのように表現したらよいのでしょうか。
　　まず，「飛行機が離陸した」は，どのように表現しますか。
S：The plane left.
T：「ケンが空港に着いた」はどのように言いますか？
S：Ken got to the airport.
T：そうですね。この場合，話し手は，空港に着いた時に着目して話をしています。つまり，空港に着いた時に，何が起こっていたのかを伝えたいのです。（この時に，イラストAに話者の視点を向けるように，矢印を書く）

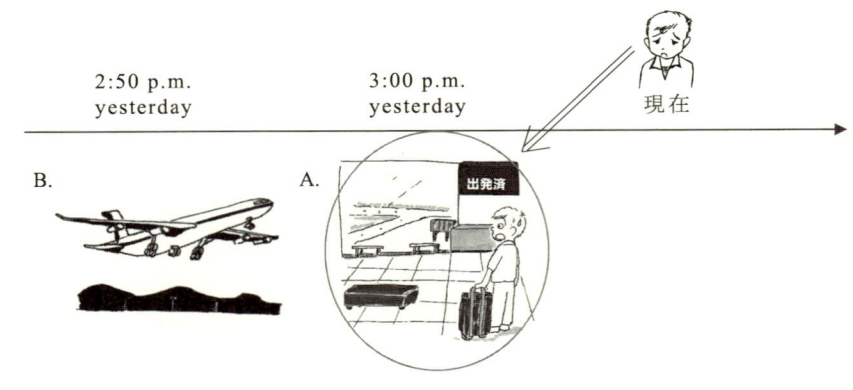

| 2:50 p.m. | 3:00 p.m. | 現在 |
| yesterday | yesterday | |

B.　　　　　　　A.

T：では、「ケンが空港に着いた時、飛行機はもう離陸していた。」というのは、どのように表現しますか。
S：When Ken got to the airport, the plane left. (When Ken got to the airport, the plane left.を日本語のカード「ケンが空港に着いた時、飛行機はもう離陸していました。」の下に書く*147)
T：ケンが空港に着いた時刻と、飛行機が離陸した時刻は同じですか*148。
S：違う。
T：そう、違いますね。この場合、ケンが空港に着いた時には、飛行機は離陸してしまっていました。つまり、ケンが空港に着いた時刻よりも、飛行機が出たのは前で時間差があります。時間差を意識して表す表現はこれまでに学習しましたが、何でしたか。
S：完了形かな。
T：Yes!「今」を基準にすると現在完了形でしたね。今回は「過去」のある時を基準にしていますね。何だと思いますか。
S：過去完了形かな？
T：Exactly! では、確認しましょう。ケンが着いたことと、それよりも前に起こったことの時間差を伝え、二つの出来事について話す場合、(黒板に書いてある、When Ken got to the airport, the plane left.の部分のleft を had leftとし、その際、had を赤で表示する*149)

*147 英文カードを準備しておいてもよいでしょう。
*148 ケンが空港に着いた時と、飛行機が離陸した時とは異なるということを、時刻を表わす軸を示しながら確認することが、重要なポイントとなります。

*149 英文カードを貼っている場合は、視覚的にインパクトを与えるために、had leftのカードを貼ります (hadの文字を赤で表示)。

第3章 「フォーカス・オン・フォーム」アプローチの具体例　179

　　When Ken got to the airport, the plane had left.となります[*150]。では，When Ken got to the airport, the plane left.の文と，When Ken got to the airport, the plane had left.の文とでは，どのような違いがあるのか確認しておきましょう。どのような違いがあると思いますか。
S：The plane left.だと，ケンが到着したのと同じ時刻になる？
T：そうですね。When Ken got to the airport, the plane left.ですと，着いたその時に飛行機が飛び立ったことになります。（状況を表すイラスト①を黒板に貼る）一方，When Ken got to the airport, the plane had left.の文ですと，着いた時には，既に飛行機は飛び立ってしまっていた，ということになりますね。（状況を表すイラスト②を黒板に貼る）

[*150] ここで，「仮定法過去完了形」を使って，ケン自身の現在の気持ち（後悔）を考えさせて表現させることもできます。例えば，If I had left home earlier, I could have got on the plane.と言えます。

①
②

T：確認してみましょう。過去のある特定の時を基準に話し手が何かを伝えたい場合，それよりも前に起こった出来事を，時間差を意識して二つの出来事を関連づけて伝える時には「過去完了形」を使います。「現在完了形」の表現では「今」が基準でした。そのため，「現在」完了形と呼ばれ，「過去完了形」は過去のある時を基準にしているので「過去完了形」と呼ばれます[*151]。

[*151] 黒板に，「現在完了形」は「現在」，「過去完了形」は「過去」が基準 と書き，基準点が異なることを明確にする必要があります。また，「過去完了形」＝had＋動詞の過去分詞 のカード（hadの文字を赤で表示）を貼って形を確認することも必要です。

指導上のヒント

「時間差を表現する」ということの理解を深めるために，例題でさらに確認してみるとよい。

最初に，人物のイラストを提示し，「この人は次郎です。昨日会った時，とても嬉しそうでした。実は一昨日，初恋の人に偶然会ったようです。」(This is Jiro. When I met him yesterday, he looked so happy. Why did he look so happy? Because he happened to meet his first love the day before yesterday.) と簡単にイラストの説明をする。

そして，「過去完了形」を使い，次郎の昨日の気持ちを英語で表現させる*152。

*152 生徒がとまどっている様子であれば，Jiro was happy because he までヒントとして提示するとよいでしょう。

解答例

Jiro was happy because he <u>had met</u> his first love.

「過去形と過去完了形」のプラクティス

技能 Reading

目的 過去形と過去完了形を対比的に提示することで，過去完了形が過去のある基準点とそれ以前の出来事を関連づける文法構造であることに気づかせる。

手順
1．6枚の絵を生徒に提示する。
2．英文の書かれたシートを配布し，内容を読ませる。
3．読んだ英文をもとに，6枚の絵の順番を考えさせる[153]。

〈生徒とのやり取りの例〉
T：今から黒板に6枚の絵[154]を貼ります[155]ので，どのような場面の絵であるのか確認しましょう。登場人物は，イチローと，その兄ケンタです。

[153] 時間差の表現に焦点を当てたプラクティスです。関連した出来事が次々と起こります。それらの出来事を起こった順番に並べ替えなくてはならないので，時間軸を考えながら英文を読むことになります。

[154] 6枚は，①「ケンタがコンサート会場に着く」→②「コンサート開始」→③「イチローがコンサート会場に着く」→④「ケンタが歌手と握手」→⑤「ケンタが帰宅する」→⑥「イチローが帰宅する」という順番の絵です。

[155] 6枚の絵を，黒板にランダムに貼ります。

ケンタがコンサート会場に着く 　　コンサート開始 　　イチローがコンサート会場に着く

ケンタが歌手と握手 　　ケンタが帰宅する 　　イチローが帰宅する

T：今から配布するシートに書かれている英文を黙読し，その内容に合うように6枚の絵の順番を考えてください。英文の内容は，イチローの書いた日記です。では，配布しますので，始めましょう。読む時間は約1分間です。

配布シート　〈イチローの日記より〉

　I went to Oobukuro's concert last Sunday. I've been a fan of them for a long time. When I left home, my brother Kenta had already left. Actually, Kenta went to the same concert. When I got to the concert, it had already started. I was late for the concert! You want to know why I was late, don't you? On the way to the concert, the train I took was delayed. How unlucky! But the concert was great and I really enjoyed it very much.

　When I got home, Kenta had already arrived. Kenta and I talked about the concert. He said to me, "When I arrived, the concert hadn't started yet. After the concert, I shook hands with Mr. Obuchi."

第3章 「フォーカス・オン・フォーム」アプローチの具体例　183

T：では確認してみましょう。時間的に一番早く起こったのはどれですか。[*156]
S：ケンタがコンサート会場に着く。
T：どの文から判断しましたか[*157]。
S：He said to me, "When I arrived, the concert hadn't started yet."の英文から。
T：その通りです。ケンタがイチローに言った英文で，「コンサート開始」よりも，「ケンタがコンサート会場に着く」ことが先であることが分かりますね。では，イチローはどうでしょうか。
S：When I got to the concert, it had already started.の英文から，着いた時には，コンサートが始まっていた。
T：その通りです。「コンサート開始」が，「イチローがコンサート会場に着く」ことよりも先であることが分かりますね。
（答を確認する過程で，それぞれの出来事がどのように関連しているのか，時間軸と使用英文を使って説明する。時間軸に従って，6枚の絵を貼りながら確認する）

> 指導上のヒント

　並べ替えた絵を使って，英文を再現させるスピーキングを行うことが可能である。その際，過去形と過去完了形を使った英文を口頭練習するとよい。

*156　1番目にくる絵はどれであるのか，黒板に提示している6枚の絵を使って，それぞれの絵毎に全体に問いかけて挙手させたり，あるいは，何人かに聞いて，同じ順番になった人に挙手させるなど，全員を参加させるようにします。
*157　ここで，「過去完了形」と「過去形」が使われている文を使って説明して，確認します。例えば，When I got home, Kenta had already arrived.の英文では，「ケンタが帰宅する」ことが，「イチローが帰宅する」ことよりも先であることがわかります。

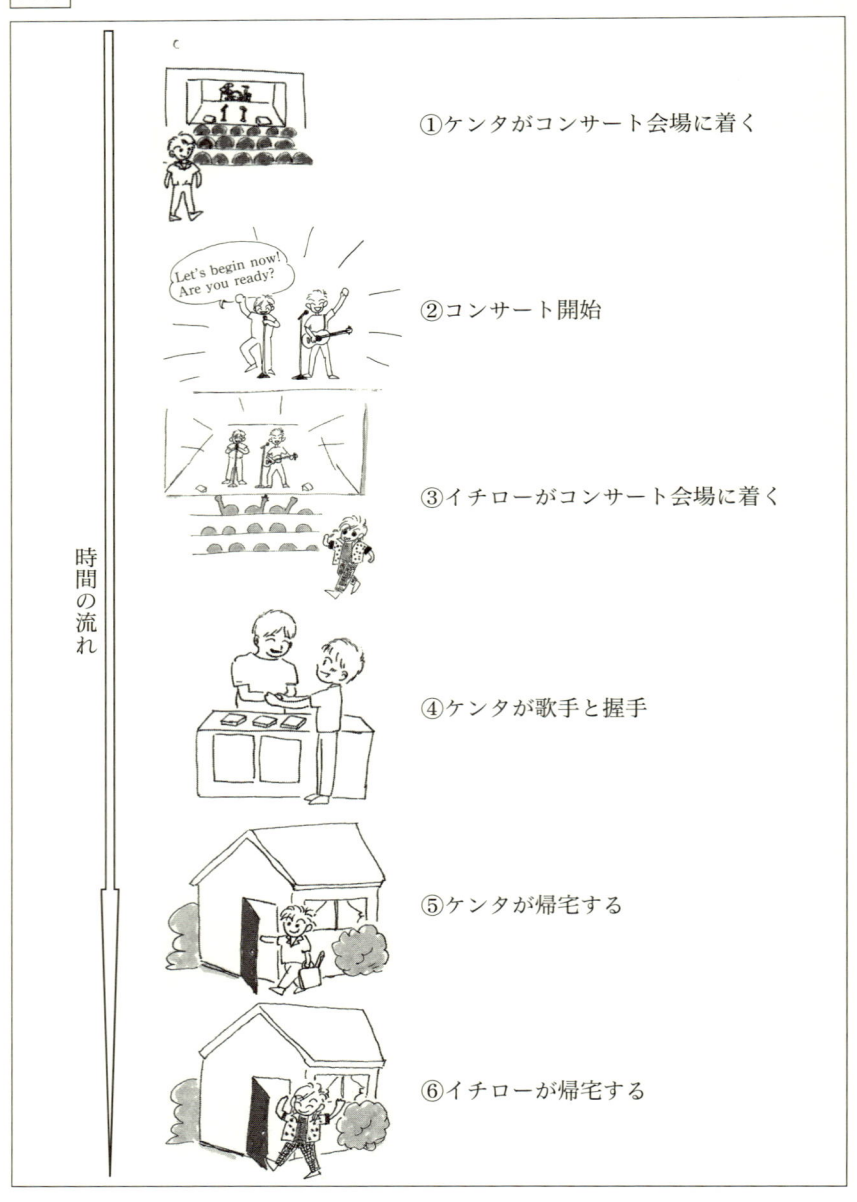

解答

時間の流れ

①ケンタがコンサート会場に着く

②コンサート開始
（Let's begin now! Are you ready?）

③イチローがコンサート会場に着く

④ケンタが歌手と握手

⑤ケンタが帰宅する

⑥イチローが帰宅する

「過去形と過去完了形」のFonF活動[*158]

技能 Listening & Writing

目的 過去完了形が過去のある基準点とそれ以前の出来事との関連を明確にする文法構造であることを意識させ，使うことができるようにさせる。

手順
1. マイクとフレッドに関する英文を，それぞれ生徒に2度ずつ読んで聞かせる。その間，英語でも日本語でもよいので必要と思われる単語などを書き取らせるようにする。
2. 書き取ったメモをもとに，互いに腹を立てている2人に対して，仲直りをするように勧めるメールを書かせる。
3. ペアで意見交換をし，より良いメールとなるよう検討させる。
4. 教師が読んだ〈スクリプト〉を配布し，再度，個々にメールを検討させる。
5. メールのサンプルを配布し，過去完了形が用いられている英文の内容を確認させる。

[*158] これは，Dicto-glossと言われる活動を参考にしたFonF活動です（第2章2.2および「用語の解説」参照）。英文で内容を再現する際に，読まれた英文の内容面と特定の文法項目の両方に注意を払わなくてはならないのがポイントです。

〈生徒とのやり取りの例〉

T：マイクとフレッドは互いに腹を立てているようです[*159]。

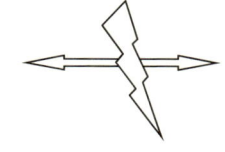

Mike　　　　　　　Fred

T：2人があなた方に，それぞれの言い分を伝えますので聞いてみましょう。聞きながら，英語でも日本語でもよいのでメモを取るようにしましょう。後でそのメモを参考にして，英文を書いてもらいますが，聞きとっ

[*159] ここで，マイクとフレッドの顔のイラストを提示し，イメージしやすいようにします。

たことをそのまま書く必要はありません。それぞれ2回繰り返して読みます。1回目は全体的な内容を聞き取るようにしましょう。
　では今からシートを配布します。このシートを使って，「マイクとフレッドは何が原因で互いに腹を立てているのか」を考えながら聞いてみましょう。*160
　では始めます。まずは，マイクからです。（スクリプトは，2回繰り返して読む）

*160 生徒が漠然と内容を聞くことがないように，互いに腹を立てている原因を聞き取ることがポイントであることを事前に伝え，目的を持って聞かせるようにします。

〈スクリプト：マイクの言い分〉

> I am angry with Fred because he broke our promise. Last Sunday, I was going to go to see a movie with him. We made a promise to meet each other in front of the movie theater at 10:10 a.m. But he didn't turn up at the appointed time. So I called him on his mobile phone, but he didn't answer. I called his house at 10:20 a.m. When I called his house, his mother said that he had gone out. He had forgotten our promise. I don't want to talk to him anymore. (93語)

T：次にフレッドの言い分です。同じく2回繰り返します。では，聞いてメモを取りましょう。（スクリプトは，2回繰り返して読む）

〈スクリプト：フレッドの言い分〉

> I am angry with Mike because he broke our promise. I was waiting for him in front of the movie theater at 9:50 a.m. I waited for him for ten minutes, but he didn't show up. I wanted to contact him, but I had forgotten to take my mobile phone. So I visited my uncle's house and used his telephone. I called Mike on his mobile phone at 10:20 a.m., but I

第3章 「フォーカス・オン・フォーム」アプローチの具体例　187

couldn't get through. When I called him, the movie had already started. I wanted to see the movie from the beginning, so I went home.（95語）

T：さあ，メモをもとに，どうして2人は互いに腹を立てているのか，原因を考えてみましょう。原因はどこにあったと思いますか*161。

S：待ち合わせ時刻が違う？

T：そうですね。どうも，待ち合わせの時刻が違っていたようです。
マイクは何時に待っていたのでしょうか。

S：10時10分。

T：では，フレッドは何時に待っていたのでしょうか。

S：9時50分。

T：そうですね。仲直りをさせるために，仲裁役のあなたは，マイクとフレッドの2人に宛ててメールを書いてみましょう。その際，2人がそれぞれ待ち合わせ時刻をどのように思い違いをしていたのかを説明する英文を入れるとよいですね。（約10分間まとめる作業を取る）*162

T：次に，よりよいメールにするためにペアで互いに*163確認してみましょう。友だちの内容を読んで，「この表現は良いな」など，気づいたり発見したりする*164ことがあり，取り入れたいことがあれば，自分の英文を青ペンで直してみましょう。

T：実際に読んだ英文を配布します。次は，個人で，確認して修正を加える箇所は赤ペンで直してみましょう。

*161 活動（ワークシートのメモをもとに「2人にメールを書く」）の前に，理解が不十分と思われる生徒に対して，活動のヒントになるように，内容を簡単に日本語で確認しておきます。ここでは，リスニングのポイントとして与えていた「マイクとフレッドは何が原因で互いに腹を立てているのか」に対して，2人が待ち合わせの時刻を誤解していたことを確認します。

*162 必要に応じて時間を調整します。

*163 ペアでの活動ではなくグループで話し合うことも可能です。

*164 ペアの友だちの英文から，過去完了形の適切な使用法に気づくことも考えられます。言語習得では，与えられたインプットより，特定の言語項目がどのような形式的な特徴を持って，どのような意味を表して用いられているのかに気づくことが大切であるとされています。
(Schmidt, 1990)

ワークシート

〈マイクとフレッドの言い分〉
Class (　) Name (　　　　　　　　　)

Q：マイクとフレッドは何が原因で互いに腹を立てていると思いますか。

　マイクに関するメモ：

　フレッドに関するメモ：

　メモをもとに，仲直りをさせるために，2人に宛てたメールを書きましょう。どのように思い違いをしていたのかを書いておくと，誤解も解けて仲直りしやすいかもしれませんね。

Dear Mike and Fred,

〈サンプル英文〉*165
Dear Mike and Fred,

I feel sad to hear that you are angry with each other, because you are always such good friends. I heard from each of you why you are so angry. It seems that each of you has a misunderstanding about an appointment you made. <u>Mike, you thought that you had promised to meet Fred at 10:10 a.m. in front of the movie theater</u>. <u>Fred, you thought that you had promised to meet Mike at 9:50 a.m. in front of the movie theater</u>. Neither of you broke your promise on purpose. So you should make friends with each other again. Why don't you talk to each other?

Best,
Noriko*166

*165 仲直りさせるためには，待ち合わせ時刻を誤解していたことを2人それぞれに伝える必要があります。その際，アンダーラインを付けている英文は，メールの内容に書いておく必要があることを，特に過去完了形を使えなかった生徒にフィードバックとして与えることが重要でしょう。

*166 メールの作成者の名前も忘れず書いているか確認します。

用語の解説

audiolingual method(オーディオリンガル・メソッド)
　1940年代〜1950年代に構造言語学と行動主義心理学を理論的背景とし提唱された教授法で,1960年代前半まで,外国語教育の主流であった。この教授法は,「聞くこと」と「話すこと」がもっとも基本となる技能であるとし,言語には独自の構造とルールがあり,そのルールは反復練習することを通じて学習されるという考えにもとづいている。
　日本では,パタン・プラクティスによるドリルや教科書の音読を行う指導のあり方が,この教授法にもとづいている。

behavioral psychology(行動主義心理学)
　人や動物の行動を,外からの刺激(stimulus)に対する反応(response)が繰り返されることによって形成される習慣(habit)として捉える心理学の理論で,行動主義(behaviorism)とも呼ばれる。この考え方は,特にアメリカにおいて心理学だけでなく教育や言語教授法に影響を与え,オーディオリンガル・メソッドでは,この理論を拠りどころにパタン・プラクティスが多用された。

cognitive comparison(認知比較)
　Nelson(1981)によって説かれた,母語の習得における統語(例えば,文構造)の発達に関する理論。インプットの中で,習得した言語形式と異なる形式に気づき,その違いを認知的に比較することによって,統語の習得がなされるとした。本書ではこの考え方を応用し,習得が困難な文法構造を,比較して使い分けるように活動を作成している。タスク活動(髙島,2000,2005 b)の条件の1つである「2つ以上の文法構造の比較(comparison of

structures)」は，この認知比較にヒントを得ている．

communicative competence（コミュニケーション能力）

コミュニケーション能力の定義は様々である（例えば，Bachman, 1997；Bachman & Palmer, 1996；Canale & Swain, 1980；Hymes, 1972）が，『高等学校学習指導要領』（文部科学省，2009）では，「情報や考えなどを的確に理解したり適切に伝えたりする能力」と定義している。平成元年度版の中学校および高等学校学習指導要領で初めて「コミュニケーション」という言葉が登場し，コミュニケーション能力の育成が求められるようになった。コミュニケーション能力に言語知識（competence）だけでなく実際の運用能力（performance）を含めるかどうかについては研究者により見解が異なる。一般的に，この能力は場面や状況の影響を受けると考えられており，コミュニケーションを成功させるにはその状況の理解と，同じような場面の経験が欠かせない（Savignon, 1997）。現在では文法的知識，談話的知識，語用的知識，社会言語的知識，方略的知識がこの能力に含まれていると考えられている（VanPatten & Benati, 2010）。

communicative language teaching（コミュニカティブ教授法）

教室における言語活動が，実際のコミュニケーションに焦点を当てることを重視する教授法である。以下の5つの項目はその主な特徴である。

(1) 学習者は，言語をコミュニケーションのために使うことを通じて学ぶ。
(2) より本物に近い意味のあるコミュニケーションが教室における言語活動のゴールである。
(3) 流暢さと正確さの両方が言語学習の重要なゴールである。
(4) コミュニケーションには技能の統合が必要である。
(5) 学習過程においては，言語習得のために実際にことばを使ってみることが必要である。

(Richards & Schmidt, 2010)

コミュニカティブ教授法には，タスクを中心とした task-based language teaching（TBLT）といった「強い」バージョンと，タスクを志向した task-supported language teaching（TSLT）といった「弱い」バージョン

との区別がある（Ellis, 2003参照）。「強い」バージョンは，実際のコミュニケーションの中で言語そのものをどのように使ったらよいか，あるいは，どのように使うべきかなどを学習者に実感させる手段としてタスクをとらえ，タスクは言語学習に必要かつ十分な活動であるとみなしている。一方，「弱い」バージョンは，文法説明などで提示された文法項目などの練習をコミュニカティブな方法で行う手段としてタスクをとらえ，タスクはカリキュラムに必要ではあるが，それだけでは言語学習に十分ではないとみなしている。

content-based language teaching（内容中心教授法）
　数学，社会，理科などの教科の内容（content）を目標言語を用いて教え，その過程において，目標言語を自然に習得させようとする教授法。特にイマージョン・プログラムやESL環境での授業に取り入れられている（Larsen-Freeman, 2000）。これに対して技能中心教授法（skill-based language teaching）は，日本での「英語」科のように，目標言語自体の学習を教科として設置し，技能（skill）を身につけさせようとする教授法である。

dictogloss（ディクトグロス）
　Wajnryb（1990）によって提唱されたFocused Taskの一種で，ねらいは，生徒同士のやり取りを通して既習の文法項目を定着させることである。具体的な手順の例は，次の通りである。
　Stage 1：Preparation
　　教師は，トピックの内容に関して生徒に質問するなど，インターアクションを取りながら，生徒が興味を持つことができるように指導を行う。また，未習単語に関して事前指導を行う。
　Stage 2：Dictation
　　生徒は，特定の文法項目の含まれた短くてまとまりのある内容の英文を普通のスピードで2回聞く。その間，聞きとった単語や語句などをメモする。
　Stage 3：Reconstruction
　　生徒はメモした単語や語句を手がかりにグループで内容を再構成する。読まれた英文と全く同じにする必要はなく，作成した英文全体の文法的正確さや文脈のつながりに注意しながら内容を表現する。

Stage 4：Analysis and Correction
・黒板（あるいは，プロジェクター）に示された各グループの英文について1文ずつ全体でチェックする。
・印刷された各グループの英文について，トピックの内容や使用文法項目が適切かつ正確であるのかを確認する。

　学習者は，英文をまとめるStage 3で，ある特定の文法項目を用いて完成させなくてはならず，統語（例えば，文構造）処理および文法の意識化，中間言語と目標言語の認知比較（cognitive comparison）を促すことができ目標文法項目の習得に有効であるとされている。

EFL（English as a Foreign Language）環境

　教室の外で英語使用の機会が限定的であり，英語が外国語として学ばれる環境を言う。第二言語として学ばれるESL（English as a Second Language）の環境と対比される。

　例えば，EFL環境にある日本では，英語のインプットの量，とりわけ，英語の音声を聞く量は圧倒的に少なく，英語を話すというアウトプットする機会やフィードバックを受ける機会も少ない。中学・高等学校の生徒にとっては，入学試験が，英語学習に対する動機となる傾向があり，ESL環境の英語学習者とは異なる。

　一方，英語を母語としないオランダなどのヨーロッパ諸国は，EFL環境であるが，日本，韓国，中国などのアジア諸国と比べ，英語使用の機会が多いことから，EASL（English as an Almost Second Language）環境として区別することも考えられる（髙島，2005 b）。

ESL（English as a Second Language）環境

　英語が日常生活で必要となる環境（例えば，アメリカへの移民に対する教育），または，英語が教育，ビジネス，政治で重要な役割を果たす国（例えば，シンガポール）などを指す（Richards & Schmidt, 2010）。EFL（English as a Foreign Language）環境に対比して用いられる。多くの第二言語習得研究がESL環境で行われているため，その結果を直接日本のようなEFL環境に適用することは難しい場合が多く，注意が必要である（髙島，2005 b）。

explicit knowledge（明示的知識）

学習者がことばで説明できる言語の規則や項目の知識 "knowing *what*"（"knowledge *about* language" とも呼ばれる）であり（Crookes, 1991；Dörnyei, 2009；N. Ellis, 2008；R. Ellis, 2008），暗示的知識（implicit knowledge）に対立する概念である。例えば，学習者が動詞の後ろにつく-sを，「主語が三人称単数で現在時制であれば，動詞に-sをつける」という文法規則として理解し，ことばでそれを説明できれば，明示的知識を持っているということである。明示的知識の特徴は，学習者が意識的に注意を向けることでその知識を利用することが可能となる点である。

feedback（フィードバック）

一般的には行動の結果についての報告やコメントを与えることを指し，褒めるなどの肯定的な（positive）ものと，誤りを指摘するなどの否定的な（negative）ものがある。とりわけ言語習得において，後者は，学習者が誤りを含む発話や，母語話者の言語使用と異なる発話をした場合に，学習者に誤りがあったことを気づかせたり，正確な発話を引き出すための対応や反応を指す。言語習得においては，corrective feedbackと呼ばれることもあり，その有効性が主張されている。教師が与える主なフィードバックには，以下のようなものがある（髙島，2011 参照）。

- clarification request
  Pardon? What do you mean?などと言って，もう一度発話するように促す。意味を明確にするため，言い換えを要求する。
- confirmation check
  He took a bus.などと学習者が発話をした場合，You mean bath? He took a bath, right?などと，相手の発話の意図を自分が正しく理解しているかどうか確認する。
- elicitation
  I played soccer. *And I goed home.などと誤った発話をした場合，教師がI played soccer. And I ... などと言って，間（pause）をとることにより，誤りに気づかせ，続きをもう一度言い直すように促す。
- explicit correction
  *They are sick yesterday.などと学習者が発話をした場合，You

should say they WERE sick yesterday.などと，学習者にわかるように誤りの箇所を強調して修正するなど，発話のどこに誤りがあるかを明確に指摘し，正しい形を言う。
- metalinguistic feedback
Goed? You have to use the correct past tense form!などと言って，誤りがあることを文法用語（この場合は，the correct past tense form）を用いて指摘する。
- recast
*He buy a car yesterday.などと学習者が誤った発話をした場合，教師がHe bought a car yesterday.と正しい形に訂正して言い直す。
- repetition
*Are you play tennis?などと学習者が誤った発話をした場合，ARE you play tennis?などと，誤りの箇所をイントネーションなどで強調して教師が繰り返すことにより，誤りに気づかせる。

フィードバックの方法は，必ずしも上記の分類に明確に区別できるわけではなく（例えば，confirmation checkとrecast），また，教師が修正を意図しても，学習者にその修正の意図が伝わらないことがある。このため，コミュニケーションを必要以上に阻害することなく，学習者に誤りがあることに気づかせ，修正を求めるために効果的なフィードバックの方法はどのようなものであるかが，多くの研究（例えば，Mackey, 2007）の対象となっている。

flow（フロー）

高い集中力を保ちながらある行為に没頭している状態を指し，楽しさの一側面である。人が何らかの活動でフロー状態に入っている時，その活動自体が非常に楽しいために不安を感じたり退屈することはない。フローはCsikszentmihalyi（1975）によって提唱された概念であり，その特性として，行為と意識の融合，注意・意識の集中，自我の喪失，環境を支配している感情，自己目的性などがあげられる（中島ほか，1999）。フロー体験は，はっきりとした目標があり，すぐにフィードバックを得ることのできる活動で起こりやすい（Csikszentmihalyi, 1997）。フロー体験を引き起こす条件として，①学習者の能力とタスクの難易度の差が適切である，②明確なタスクの目標

を達成することに学習者の注意が向けられている，③タスク自体が興味深く真正性がある，④タスク遂行の過程や結果に学習者が関与できること，の4つが挙げられる。フローを数多く体験できるように自己の意識を統制できれば，退屈な活動でさえ目的のある楽しいものになると考えられている。

fMRI（functional magnetic resonance imaging）

脳の活動状況を視覚的に示す脳機能イメージング（画像法）技術の1つで，「血液中に含まれる還元ヘモグロビン量を測定し脳の活動に伴う血流量の変化を捉える計測器である」（大石，2006）。fMRIは，脳の活動時間を特定する精度（時間的解像度）が脳波計などの他の脳画像法に比べて相対的に低いが，一方で活動領域の場所を高い精度（空間的解像度）で特定できる（Gazzaniga, Ivry, & Mangun, 2009）。これまで第二言語処理（例えば，文法性判断課題）にかかわる脳領域の特定などの研究が行われている（例えば，Kim, et al., 1997；Wartenburger, et al., 2003）。

Focused Task

学習者に特定の言語項目を使わせるように工夫されたタスクを指す（Ellis, 2003）。Unfocused Taskとは対照的に，学習者が使うであろう言語形式をある程度予測・制御することができる。ただ，タスクを遂行する中で特定の言語構造（文法や語彙など）を使用させるように作成するため，不自然なタスクになる可能性がある。

Focused Taskは，タスク遂行上どの程度特定の言語項目が必要かによって，task-essentialness（タスク遂行には必ず必要である），task-utility（タスク遂行に必須というわけではないが，非常に有用である），task-naturalness（タスク遂行に必ずしも必要ではないが，通常よく用いられる）に分けられる（Loschky & Bley-Vroman, 1993）。作成したタスクにおいて，学習者が，教師が意図した言語項目を使わなくても課題が達成できる場合は，タスク終了後のフィードバックが特に重要となる。

Focus on Form（フォーカス・オン・フォーム）

フォーカス・オン・フォームズ（Focus on FormS）とは異なり，意味内容の伝達を目的としたコミュニケーションをしながらも言語形式に注意を向

けさせる指導のことである（Long, 1991）。本書の提案する文法指導（「フォーカス・オン・フォーム」アプローチ）はこの考え方に基づいている。例えば，タスクなど意味・内容の伝達を目的とした言語活動を行う中で，学習者が言語形式に注意を払うようにあらかじめ活動を工夫して作成する方法がある。別の方法としては，活動中にコミュニケーションが滞ったり，誤りがあったりした箇所などに関して，フィードバックを与える方法がある（Doughty & Williams, 1998）。例としては，学習者が母語話者の発話とは異なるような発話をした場合に，教師などの対話者が適切かつ正しい形に訂正して言い直すリキャスト（recast）がある。このようなフィードバックは，コミュニケーションをなるべく阻害しないように与えられる。本書で提案しているFonF活動は，あらかじめ目標文法項目を使用させるように作成されており，教師などの対話者が，活動中に必要に応じてフィードバックを与えるという性質も持ち合わせている。

Focus on Forms（フォーカス・オン・フォームズ）

この用語はFocus on Formと対比して使われ，授業ごとに特定の文法項目の言語形式（form）に焦点をあてて，明示的に指導を進めていく方法を指す。理論的根拠は，構造言語学と行動主義心理学に置かれ，構造シラバス（structural syllabus）やオーディオリンガル・メソッド（audiolingual method）などがこの指導法にあたり，Focus on FormSでは，意味の指導よりも，言語形式の指導が重視される。繰り返しドリルを行ったり，文の意味を考えさせることなく，空欄を埋めさせるような文法練習は，Focus on FormSの手法にあたる（VanPatten & Benati, 2010）。

immersion program（イマージョン・プログラム）

バイリンガル教育の一形態で，他の教科の内容を目標言語で学ぶ中で，その言語に浸りきった状態で（immerse：浸す）言語を習得するプログラム。1960年代にカナダのケベック州で，英語母語話者に対するフランス語のプログラムとして始まった。開始年齢によって「早期イマージョン」（開始年齢5，6歳），「中期イマージョン」（開始年齢9，10歳），「晩期イマージョン」（開始年齢11～14歳）に分類される。また，目標言語との接触時間によって，授業のほぼ100％を目標言語で行う「完全イマージョン（full / total immersion)」，授業の一部（通常約 50 %）が目標言語で行われる「部分イマージョン（partial immersion）」に分類される（Johnson & Johnson, 1998）。イマージョン・プログラムの目的は，教科内容の学習と併せて，目標言語の高い運用能力の育成，目標言語および文化に対する積極的な態度の育成などとされる（Richards & Rodgers, 2001）。

implicit knowledge（暗示的知識）

意識しなくても言語形式の適切性や正確性を直感的に判断でき，その形式を意識しなくとも使うことができる知識 "knowing *how*"（"knowledge *of* language" とも呼ばれる）であり（Crookes, 1991；N. Ellis, 2008；R. Ellis, 2008），明示的知識（explicit knowledge）と対立する概念である。暗示的知識の特徴は，ことばで説明することが難しく，自動的に処理される点である。文法規則など（例えば，日本語母語話者にとっての日本語の格助詞「は」と「が」の使い分け）を説明することは難しいが，その規則を正しく理解・産出することができる母語の知識は暗示的知識である。

information gap（インフォメーション・ギャップ）

話し手と聞き手が持つ情報の差を意味する。それぞれが持つ情報の内容や量には差があり，その差を埋めるために，互いに情報を引き出したり，伝えたりするという情報交換が行われる。このように，情報差がコミュニケーションには必要であり，コミュニケーションの必然性を生み出すものと考えられる。そのため，授業中に生徒同士で目標言語を使って会話を行わせる場合には，会話に必然性を持たせるために，生徒間にコミュニケーションが必要となるインフォメーション・ギャップを設けることが必要である。

input enhancement

学習者に特定の言語形式への気づきを促すために，インプット中の当該部分を強調することである。文字インプットであれば，下線や太字など（例えば，Jourdenais, Ota, Stauffer, Boyson, & Doughty, 1995），音声インプットの場合は強勢やイントネーションなど（Leeman, 2003）が用いられる。

input flood（インプット・フラッド）

インプット中で学習者が特定の言語形式に触れる機会を増やし，気づかせることを目的として行われる指導法の1つである。明示的な文法指導や誤りの修正をせずに，ねらっている言語形式を数多く含むインプットを，様々な活動で理解を確認しながら聞かせたり読ませたりする方法である（Lightbown & Spada, 2003）。この指導法をフランス人英語学習者に行った研究（Trahey & White, 1993）によれば，文法的に正しいインプットを多量に受けることで，母語であるフランス語では誤りとなるが，第二言語である英語では文法的に正しい形式（例えば，"The dog often chases the cat."という語順）の学習は促進された。一方で，フランス語では文法的でも英語では誤りとなる形式（例えば，"*The dog chases often the cat."という語順）の学習にはつながらなかったと報告している。つまり，日本語では正しいが英語では誤りとなる言語項目の場合には本書で提案しているような明示的な文法説明やフィードバックが特に必要である。

input processing（インプット処理）

VanPatten（1996, 2004）が提唱する，インプットを学習者に処理させることで文法形式と意味のつながりを理解させる文法指導の手法で，Processing instructionとも呼ばれる。通常，目標文法構造を含む structured input を聞いて，まずその内容について自分はどう思うかなどの質問に答え，次にその内容が表す絵を提示された2枚のうちから選ぶ。2枚の絵は類似のもので，目標文法構造を理解していないと選択できないものが用意される。

intake（インテイク）

学習者が話したり書いたりしたものをアウトプット（output）に対して，学習者が聞いたり読んだりして受け取る情報全般をインプット（input）という。学習者が受け取ったインプットのうち，短期記憶に一時的に保存されたものをインテイク（intake）と呼び両者を区別している。学習者が特定の言語特徴に注意を払うことでインプットがインテイクになり，言語習得が始まるとされている（VanPatten, 1996）。

interaction（インターアクション）

言語を通してメッセージや情報を伝え合う双方向（two-way）のやりとりを意味する。インターアクションの中で生じる「意味のやり取り（negotiation of meaning）」を行うことによって，理解可能なインプットやアウトプットが得られるため，第二言語習得を促進する役割を果たすと考えられる（Long, 1996）。

language transfer（言語転移）

学習者が持つ言語の知識が別の言語の知識や使用に与える影響をいう。言語転移には，正の転移（positive transfer）と負の転移（negative transfer）がある。母語と目標言語が同じ文法規則を持つ場合に，学習者が母語の規則を目標言語に適用し，正しく使用することは正の転移である。一方，母語の文法規則などを目標言語に当てはめて使用し，誤った言語使用をすることは，負の転移である。負の転移は，干渉（interference）とも呼ばれる。例えば日本語を母語とする学習者が，「私はリンゴを3つ買いました。」という文を，*I bought three apple.と言ってしまうのは，日本語には英語に対応する複数形がないため複数形の-sを付けずに言う負の転移が起こっていると考えられる。

最近の研究では，母語から目標言語への一方向の影響だけでなく，学習者が持つ言語知識が相互に影響し合っているとされ，言語転移はcross-linguistic influenceとも呼ばれている（Jarvis & Pavlenko, 2008）。

learner corpus（学習者コーパス）

学習者による第二言語・外国語の自然な産出データを電子化し，集積したものである。特定のSLA・外国語教育研究の目的に合わせたデザインに基づいて構築される（Granger, 2002）。主なものに，International Corpus of Learner English（ICLE, Granger, 2003）やJapanese EFL Learners Corpus（JEFLL Corpus, 投野, 2007）などがあり，大規模なデータを用いた頻度解析やエラー分析などを行い，学習者に共通する傾向を記述することなどを目的とした研究が行われている（Granger, Hung, & Petch-Tyson, 2002 ; Myles, 2005）。

morpheme（形態素）

意味を持った最小の言語単位を意味する。例えば，dog，cat，playといったそれ自体で意味を持つ語や，「複数」の意味を表す-s，「過去」の意味を表す-edなどの接尾辞は形態素である。

motivation（動機づけ）

一般的に，行動を一定の方向に向けて生起させ，持続させる過程や機能の全般を指す用語である（中島ほか，1999）。動機づけは言語学習の成功を左右する重要な個人差（individual difference, ID）要因の1つであると考えられている（Dörnyei, 2001, 2005；本田，2008）。第二言語習得研究では，Gardner & Lambert（1959, 1972）によって提唱された統合的志向性（例えば，目標言語社会や文化について深く理解できるから）と道具的志向性（例えば，よい仕事に就くために目標言語が必要だから）という目標言語の学習理由が動機づけに関わる概念として脚光を浴び，1970年代から1990年ごろまで「統合的動機づけ（integrative motivation）」と「道具的動機づけ（instrumental motivation）」という2つの動機づけに関する研究が盛んになった。しかし，動機づけは単純に二分できるものではなく，長期的な視点から動機づけの変容を捉える必要もあり，現在ではさまざまな概念を含めた統合的なモデルが提唱されている（詳細は，Dörnyei, 2005, 2009；廣森，2010 参照）。

motive（動機）

心理学では，行動が生起するために必要な内的状態である動因と，外的条件である誘因とを総称したものが動機であるとされている（中島ほか，1999）。食欲のような生理的欲求や何かを達成したいという気持ち（達成欲求）が動因であり，食べ物のような外部対象が誘因であるとされる。

言語教育では，学習理由や学習目的など，行動の目標・目的を規定するものと考えられている（廣森，2010）。学習対象に対する興味・好感度，学習結果に対する期待感・満足感，コミュニケーションしたいという意思（willingness to communicate, WTC）など，さまざまな概念を動機に含めることもある。

negotiation of meaning（意味のやり取り）

コミュニケーションに支障が生じた場合，対話者間で様々なやり取りを行う。この意味理解のための交渉を，「意味のやり取り（negotiation of meaning）」と呼ぶ。例えば，相手の意味することが理解できない場合には，相手に繰り返しを求めたり，あるいは，自分の理解が正しいのかどうかを相手に確認したりすることを指す。このように，「意味のやり取り」では，お互いを理解するために様々な試みがなされるため，理解可能なインプットやアウトプットが得られ，第二言語習得を促すとされている。

negotiation task

学習者が，特定の課題（例えば，「無人島に持って行くべきものを決定する」）について互いに（two-way）意見を交換し合いながら（opinion-gap），1つの結果を出さなくてはならない（convergent）タスク。このタスクの特徴は，単に意見を言うだけでなく，双方が意見を述べた上で，合意に基づいて決定をしなくてはならない点である。それにより会話量が増え，意味のやり取り（negotiation of meaning）も多くなると考えられる。具体例は Pica, et al. (1993) に詳しい。

noticing（気づき）

インプットの中で，学習者が特定の言語項目の形式的特徴（例えば，過去形の形態素 -ed）と，それが表す意味や機能（過去の動作や事柄）との結びつきに気づくこと。Schmidt (1990) は，言語習得においてはこの「気づき」が重要であると主張しており，不可欠な認知プロセス（cognitive process）であると考えている。気づきの重要性に関連して，Swain (1995) は学習者自身の中間言語（interlanguage）と目標言語に隔たりがあることに気づくこと（noticing the gap）が言語習得の引き金になると考えている。

pattern practice（パタン・プラクティス）

模倣や反復練習などによって，文法規則や文構造に慣れるための練習方法である。主に3つの形態がある。

(1) 置換（substitution）練習では，例えば，過去形の文の練習のために，I played tennis. をもとに単語を置き換えることによって，I watched TV. や

I studied English.などのように文を作り，一般動詞に-edとなることに焦点を当てさせる。
(2)転換（transformation）練習では，肯定文を疑問文・否定文に転換させたり，話法や態を転換させて文を作らせたりする。
(3)拡大（expansion）練習は，例えば，The student studied English.をもとにThe student studied English yesterday.とすることで文の意味を広げたりする活動である。

performance test（パフォーマンステスト）

選択式や記述式などによるペーパーテストで直接測ることが難しい能力を，実際の運用状況を観察することによって測るテスト。例えば，話す能力を測るためにタスク活動，インタビューやスピーチなどを行わせたり，書く能力を測るためにエッセイを書かせたりすることが考えられる。

PPP

Presentation（提示）→Practice（練習）→Production（産出）というサイクルで，1つの単元を指導する手順の1つ。日本では，次のような指導内容になることが多い。
・Presentationの段階では，新出の文法を明示的に説明し，文法の特徴への気づきを生徒に促す。
・Practiceの段階では，繰り返しやパタン・プラクティスを中心とした練習を行う。
・Productionの段階では，学んだ文法項目を用いた産出活動を行う。

PPPの指導サイクルは，文法シラバスにもとづいた教科書のレッスンやユニットに沿ったものなので，本書では，目標となる文法項目を理解し，使えるように活動を行うフォーカス・オン・フォームズの考え方と重なる。しかし，PPPでは教師主導になりやすく，学習者の活動が受け身になりやすいという批判がある（Ellis, 2003；髙島，2005 b参照）。本書では，PPPの各段階で，フォーカス・オン・フォームの考え方を取り入れることによって，学習者の積極的な取り組みを促す文法指導を提案している。

pragmatics（語用論）

コミュニケーションが行われる場面や話し相手といった社会的な要素とことばの使い方（例えば，語彙やイントネーション）の関係，および特定の場面でことばの持つ意味・機能がどう理解・産出されるかを研究する学問のこと（Crystal, 1997）。例えば，何かを依頼する際に，話し相手が友人か学校の校長先生かによって使用する表現や話し方を変えることは，ことばの語用論的な側面である。このように話し相手によって話し方を変えたり，異なる話し方による丁寧さの違いなどを理解できるための知識が語用論的知識（pragmatic knowledge）である。第二言語学習者がこうした語用論的知識・能力をどのように使用・習得するかを研究する中間言語語用論（interlanguage pragmatics）という研究領域がある（Kasper & Blum-Kulka, 1993）。

project（プロジェクト）

課題解決的な単元・活動を指す。与えられた，あるいは，学習者自身で見つけた課題（タスク）に対して，具体的なゴールを設定し，それに向けて解決する活動をいう。自らゴールを設定し，活動を計画し，実行していく中で主体性や判断力が培われ，学習者は課題解決の過程において協同の学びを体験することが多い。プロジェクトごとに課題があり，まとまった時間の中で，課題に沿って活動を行うことになる。この意味では，1つのプロジェクトは「〈大きな〉課題」であり，それを構成する一つ一つの授業にも「〈小さな〉課題」があり，プロジェクトは，いわば「〈小さな〉課題」の集合体となる。日本の小学校外国語活動にこのプロジェクトを主体としたカリキュラムを取り入れた「プロジェクト型外国語活動」については，東野・髙島（2007, 2011）に詳しい。

self-efficacy（自己効力感）

求められる結果を達成するための能力を自分が持っているかどうかという個人の信念や確信のことであり，自信や自尊心のもととなるものである。ある課題を学習者が100％達成できると思えば，その課題のレベルにおいて学習者の自己効力感は非常に高いと言える。自己効力感の源泉として，自分自身が何かに成功するといった達成経験，他者の成功をモデルとする代理経

験，励ましなど言葉による説得，ストレスなど生理的・感情的状態の統制の4つが挙げられている（Bandura, 1977, 1986）。特に，忍耐強い努力によって困難を乗り越えた時の達成経験は，強力な自己効力感を作り出すと考えられている。しかし，4つの源泉のすべてが自己効力感を高めるとは限らず，失敗体験や不安・恐怖の感情などは自己効力感を阻害する可能性もある。

speech act（発話行為）

ある特定の目的を果たすために言語を用いて行う行為を指す。Austin (1962) によれば，すべての発話行為は，locutionary act（発話する行為そのもの）と，illocutionary act（その文を発することで，賞賛・謝罪・依頼・不満など，発話の持つ機能を発する行為）を含む。例えば，ある特定の場面では，"It's hot in this room." という発話行為は，「この部屋は暑い」というlocutionary actと，「窓を開けてほしい」，「エアコンのスイッチを入れてほしい」などの依頼を表すillocutionary actを内包している。また，この発話には，対話者（聞き手）に窓を開けさせたり，エアコンのスイッチを入れさせるなど，発話が結果として対話者に引き起こす影響や効力を生み出す行為であるperlocutionary actも含まれる（山梨，1986）。

コミュニケーションでは，発話の持つ機能や影響を理解する能力が重要であり，コミュニケーション能力の一部と考えられている（Bachman, 1997, Bachman & Palmer, 1996）。

structured input

1つの目標文法構造に焦点化されるよう工夫されたインプット。このために，目標文法構造とその意味の関係を学習者が理解するように，類推の助けとなるような語（句）は入れない。例えば，英語の動詞の過去形が目標文法構造であるならば，I studied English.やI played the piano.のように，yesterdayやten years agoなどの過去を表す語（句）は使わず，-edが過去を表すことを学習者が理解するように仕向ける（VanPatten, 1996, 2004）。

Task（タスク）

言語教育において，タスクには様々な定義が存在する（詳細は，Ellis, 2003, 2008；Samuda & Bygate, 2008；Skehan, 1998；Van den Branden,

2006；D. Willis & J. Willis, 2007；J. Willis, 1996 参照)。多くの定義に共通するのは，「与えられた課題に対して，自由な言語表現を用いて目的を達成する課題解決活動」であるという点であり，言語形式に焦点を当てたプラクティスとは異なる（第1章1.2.1，1.3.1参照）。本書では，Ellis (2008) の定義から，以下の4つの特徴をタスクの定義としてとらえている。
(1) メッセージの伝達が最も大切である。
(2) 情報等の差を活動を通して埋める。
(3) 学習者自身のことばで活動を行う。
(4) コミュニケーションの結果が明確に表れる。

タスクは，Focused TaskとUnfocused Taskに分けることができるが (Ellis, 2003)，本書で挙げているタスクはすべてFocused Taskであり，特定の文法項目の使用をねらったものである。

Task Activity（TA，タスク活動）

学習者が課題（タスク）の解決に向けて，使用する言語形式（特に文法項目）を主体的に選択し，同時に相手との自然なコミュニケーションを図ることを目的としたFonF活動の1つである。タスク活動の特徴は次の6つが挙げられる。

(1) 意味・内容の伝達が中心である。
(2) 言語を用いて与えられた活動目標を達成することが第一義である。
(3) 意味のやり取りがある。
(4) 2つ以上の構造の比較がある。
(5) 話し手と聞き手に情報（量）の差がある。
(6) 活動や得られる情報が興味深いものである。

(髙島，2000，2005b)

Imai & Takashima (2006) は，明示的な文法説明（現在完了形）とTAを組み合わせる指導の有効性を示している。

task-based curriculum（タスクを中心としたカリキュラム）

タスクが言語教育や授業の中心となるように作成したカリキュラムのことであり，このカリキュラムに基づいた指導法は TBLT (task-based language teaching）と呼ばれている。それに対して，PPPのProductionの段階でタスクを取り入れたり，構造シラバスの中でタスクを併用するのが「タスク支援のカリキュラム（task-supported curriculum）」であり，このカリキュラムに基づいた指導法はTSLT（task-supported language teaching）と呼ばれている（Ellis, 2003）。本書では，日本の学校教育のように，文法シラバスに則った授業を念頭に置いた「タスク支援のカリキュラム（TSLT）」として「フォーカス・オン・フォーム」アプローチを提案している。

TBL（task-based learning）framework（タスクを中心とした学習の枠組み）

J. Willis（1996）が提案した，タスクをカリキュラムに取り入れた指導の枠組みである。この枠組みは，①タスクの前に行うpre-task，②タスクを実施するtask cycle，③タスクの後に語句や文法などの言語に焦点を当てるlanguage focusから構成されている。さらに，②task cycleについて言えば，学習者がペアや小グループでタスクに取り組むtask，タスクで話し合ったことや，得られた情報などをどのように報告するかを準備するplanning，それを全体に報告するreportから構成されており，このtask, planning, reportの一連の過程を task cycleと呼んでいる。

Task-Oriented Activity（タスクを志向した活動）

タスク（Task）やタスク活動（Task Activity）よりもさらに，言語形式の定着に焦点を当てたFonF活動の1つである。タスクを志向した活動（TOA）の特徴は以下の4点である。

(1) 言語を用いて問題解決をする目標がある。
(2) 2人以上による情報の授受・交換を行う。
(3) 話し手と聞き手に情報（量）の差がある。
(4) 指定されたモデル・ダイアローグなどに従って活動する。

（髙島，2005 b）

transformational generative grammar（変形生成文法）

アメリカの言語学者チョムスキーによって1957年に提唱された文法理論。

ある言語の母語話者が文法的な文を形成するときに使用する知識（competence）には規則の体系があるとされ，発話として現れる表層構造（surface structure）は，深層構造（deep structure）が変形して生成されるものであるとされる。

Unfocused Task

タスクの中でも，意味内容の伝達に重きを置き，学習者に特定の言語形式を使わせるようにデザインされていないタスクを指す（Ellis, 2003）。そのため，学習者がどのような言語形式を用いてメッセージを伝達するかを予測・制御することが難しいが，その反面，実際のコミュニケーションに近い場面設定が可能であり，真正性（authenticity）を高めることにつながる点が特徴である。具体的には，ディベートやディスカッションなどの活動が挙げられる。

uptake

学習者自身が授業において学んだと自覚した事柄を指す（Allwright, 1984）。最近の研究では，より具体的に，対話者から受けたフィードバックに対する学習者の反応と定義され（Ellis, et al., 2002），フィードバックの中に含まれる情報を得て，学習者が自らの発話に取り入れて使った場合は，successful uptake，使わなかった場合は，unsuccessful uptakeとされる。

WTC（willingness to communicate）

学習者がコミュニケーションをしたいと思う気持ちであり，積極的にコミュニケーションをとろうとする態度や意思を指す。第二言語におけるWTCの代表的なモデルは，MacIntyre, et al. (1998) が提唱したものであり，WTCはコミュニケーション行動に直接影響を与える一方，特定の相手とコミュニケーションしたいという意思と特定の場面におけるコミュニケーションへの自信がWTCに直接影響していると考えられている（モデルの詳細は，村上，2011；Yashima, 2002；八島，2004参照）。日本の小学校（外国語活動）から中・高等学校（英語）の学習指導要領まで「コミュニケーションに対する積極的な態度」の育成が一貫して謳われているが，WTCがこの積極的な態度に相当する。

参 考 文 献

Aijmer, K. (2002). Modality in advanced Swedish learners' written interlanguage. In S. Granger, J. Hung, & S. Petch-Tyson (Eds.), *Computer learner corpora, second language acquisition and foreign language teaching* (pp. 55-76). Amsterdam: John Benjamins.

Allwright, R. (1984). The importance of interaction in classroom language learning. *Applied Linguistics, 5* (2), 156-171.

Austin, J. L. (1962). *How to do things with words*. New York, NY: Oxford University Press.

Bachman, L. F. (1997). *Fundamental considerations in language testing*. Oxford: Oxford University Press.

Bachman, L. F. & Palmer, A. S. (1996). *Language testing in practice: Designing and developing useful language tests*. Oxford: Oxford University Press.

Bandura, A. (1977). Self-efficacy: Toward a unifying theory of behavioral change. *Psychological Review, 84* (2), 191-215.

Bandura, A. (1986). *Social foundations of thought and action: A social cognitive theory*. Englewood Cliffs, NJ: Prentice-Hall.

Canale, M. & Swain, M. (1980). Theoretical bases of communicative approaches to second language teaching and testing. *Applied Linguistics, 1* (1), 1-47.

Celce-Murcia, M. & Larsen-Freeman, D. (1999). *The grammar book: An ESL/EFL teacher's course* (2nd ed.). Boston, MA: Heinle & Heinle Publishers.

Cohen, A. D. & Olshtain, E. (1981). Developing a measure of sociocultural competence: The case of apology. *Language Learning, 31* (1), 113-134.

Collins, L. (2002). The roles of L1 influence and lexical aspect in the acquisition of temporal morphology. *Language Learning, 52* (1), 43-94.

Cook, V. (2002). Language teaching methodology and the L2 user perspective. In V. Cook (Ed.), *Portraits of the L2 user* (pp. 325-343). Clevedon: Multilingual Matters.

Corder, S. P. (1967). The significance of learner's errors. *International Review of Applied Linguistics in Language Teaching, 5* (1-4), 161-170.

Corder, S. P. (1983). A role for the mother tongue. In S. Gass & L. Selinker (Eds.), *Language transfer in language learning* (pp. 18-31). Amsterdam: John Benjamins.

Crookes, G. (1991). Second language speech production research: A methodologically oriented review. *Studies in Second Language Acquisition, 13* (2), 113-131.

Cruse, A. (2006). *A glossary of semantics and pragmatics*. Edinburgh: Edinburgh University Press.

Crystal, D. (1997). *A dictionary of linguistics and phonetics*. Oxford: Blackwell Publishers.

Csikszentmihalyi, M. (1975). *Beyond boredom and anxiety*. San Francisco, CA: Jossey-Bass.

Csikszentmihalyi, M. (1997). *Finding flow: The psychology of engagement with everyday life*. New York, NY: Basic Books.

DeKeyser, R. M. (1998). Beyond focus on form: Cognitive perspectives on learning and practicing second language grammar. In C. Doughty & J. Williams (Eds.), *Focus on form in second language acquisition* (pp. 42-63). Cambridge: Cambridge University Press.

DeKeyser, R. M. (Ed.). (2007). *Practice in a second language: Perspectives from applied linguistics and cognitive psychology*. Cambridge: Cambridge University Press.

Donato, R. & Adair-Hauck, B. (1992). Discourse perspectives on formal instruction. *Language Awareness, 1* (2), 73-89.

Dörnyei, Z. (2001). *Motivational strategies in the language classroom*. Cambridge: Cambridge University Press.

Dörnyei, Z. (2005). *The psychology of the language learner: Individual differences in second language acquisition*. Mahwah, NJ: Lawrence Erlbaum Associates.

Dörnyei, Z. (2009). *The psychology of second language acquisition*. Oxford: Oxford University Press.

Dörnyei, Z. & Murphey. T. (2003). *Group dynamics in the language classroom*. Cambridge: Cambridge University Press.

Dörnyei, Z. & Skehan, P. (2003). Individual differences in second language learning. In C. J. Doughty & M. H. Long (Eds.), *The handbook of second language acquisition* (pp. 589-630). Malden, MA: Blackwell Publishers.

Doughty, C. & Long, M. H. (Eds.). (2003). *The handbook of second language acquisition*. Malden, MA: Blackwell Publishers.

Doughty, C. & Williams, J. (Eds.). (1998a). *Focus on form in classroom second language acquisition*. Cambridge: Cambridge University Press.

Doughty, C. & Williams, J. (1998b). Pedagogical choices in focus on form. In C. Doughty & J. Williams (Eds.), *Focus on form in classroom second language acquisition* (pp. 197-261). New York, NY: Cambridge University Press.

Dulay, H. C. & Burt, M. K. (1974). Natural sequences in child second language acquisition. *Language Learning, 24* (1), 37-53.

Egbert, J. (2003). A study of Flow Theory in the foreign language classroom. *The Modern Language Journal, 87* (4), 499-518.

Ehrman, M. E. & Dörnyei, Z. (1998). *Interpersonal dynamics in second language education: The visible and invisible classroom*. Thousand Oaks, CA: Sage Publications.

Ellis, N. C. (2002). Frequency effects in language processing: A review with implications for theories of implicit and explicit language acquisition. *Studies in Second Language Acquisition, 24* (2), 143-188.

Ellis, N. C. (2007). The weak interface, consciousness, and form-focused instruction: Mind the doors. In S. Fotos & H. Nassaji (Eds.), *Form-focused instruction and teacher education: Studies in honour of Rod Ellis* (pp. 17-34). Oxford: Oxford University Press.

Ellis, N. C. (2008). Implicit and explicit knowledge about language. In J. Cenoz & N. H. Hornberger (Eds.), *Encyclopedia of language and education* (2nd ed.), *Volume 6: Knowledge about Language* (pp. 119-132). New York, NY: Springer.

Ellis, R. (1985). *Understanding second language acquisition*. Oxford: Oxford University Press.

Ellis, R. (1992a). The role of practice in classroom learning. In R. Ellis (Ed.), *Second language acquisition and language pedagogy* (pp. 101-120). Clevedon, UK: Multilingual Matters.

Ellis, R. (1992b). Learning to communicate in the classroom: A study of two learners' requests. *Studies in Second Language Acquisition, 14* (1), 1-23.

Ellis, R. (2001). *Form-focused instruction and second language learning*. Malden, MA: Blackwell Publishers.

Ellis, R. (2003). *Task-based language learning and teaching*. Oxford: Oxford University Press.

Ellis, R. (2008). *The study of second language acquisition* (2nd ed.). Oxford: Oxford University Press.

Ellis, R., Basturkmen, H., & Loewen, S. (2001). Preemptive focus on form in the

ESL classroom. *TESOL Quarterly, 35* (3), 407-432.
Ellis, R., Sheen, Y., Murakami, M., & Takashima, H. (2008). The effect of focused and unfocused written corrective feedback in an English as a foreign language context. *System, 36* (4), 353-371.
Gardner, R. C. & Lambert, W. E. (1959). Motivational variables in second language acquisition. *Canadian Journal of Psychology, 13* (4), 266-272.
Gardner, R. C. & Lambert, W. E. (1972). *Attitudes and motivation in second language learning.* Rowley, MA: Newbury House.
Gass, S. M. (2003). Input and interaction. In C. Doughty & M. Long (Eds.), *The handbook of second language acquisition* (pp. 224-255). Malden, MA: Blackwell Publishers.
Gazzaniga, M. S., Ivry, R. B., & Mangun, G. R. (2009). *Cognitive neuroscience: The biology of the mind* (3rd ed.). New York, NY: W. W. Norton & Company.
Gatbonton, E. & Segalowitz, N. (1988). Creative automatization: Principles for promoting fluency within a communicative framework. *TESOL Quarterly, 22* (3), 473-491.
Givón, T. (2010). Where do simple clauses come from? In K. Boye & E. Engberg-Pedersen (Eds.), *Language usage and language structure* (pp. 167-202). Berlin: Walter de Gruyter.
Granger, S. (2002). A bird's eye view of computer learner corpus research. In S. Granger, J. Hung, & S. Petch-Tyson (Eds.), *Computer learner corpora, second language acquisition and foreign language teaching* (pp. 3-33). Amsterdam: John Benjamins.
Granger, S. (2003). The International Corpus of Learner English: A new resource for foreign language learning and teaching and second language acquisition research. *TESOL Quarterly, 37* (3), 538-546.
Granger, S., Hung, J., & Petch-Tyson, S. (Eds.). (2002). *Computer learner corpora, second language acquisition and foreign language teaching.* Amsterdam: John Benjamins.
Harrington, M. (1987). Processing transfer: Language-specific processing strategies as a source of interlanguage variation. *Applied Psycholinguistics, 8* (4), 351-377.
Howatt, A. P. R. (1984). *A history of English language teaching.* Oxford: Oxford University Press.
Hymes, D. (1972). On communicative competence. In J. B. Pride & J. Holmes (Eds.), *Sociolinguistics: Selected readings* (pp. 269-285). Harmondsworth:

Penguin.
Hulstijn, J. (2002). Toward a unified account of the representation, processing, and acquisition of second language knowledge. *Second Language Research, 18* (3), 193-223.
Imai, N. (2011). The necessity of focused tasks in the EFL context — The effects of implementing task activities and dictogloss at the high school level. *Bulletin of Kochi National College of Technology, 56*, 31-42.
Imai, N. & Takashima, H. (2006). Utilization of a local dialect and a task activity: Making the best use of the focus on 'form' and 'forms' approach. In M. Negishi, T. Umino, & A. Yoshitomi (Eds.), *The 21st Century COE Program "Usage-Based Linguistic Informatics"* (pp. 67-78). Tokyo: Tokyo University of Foreign Studies.
Jarvis, S. & Pavlenko, A. (2008). *Crosslinguistic influence in language and cognition.* New York, NY: Routledge.
Jeong, H., Sugiura, M., Sassa, Y., Haji, T., Usui, N., Taira, M., Horie, K., Sato, S., & Kawashima, R. (2007). Effect of syntactic similarity on cortical activation during second language processing: A comparison of English and Japanese among native Korean trilinguals. *Human Brain Mapping, 28* (3), 194-204.
Johnson, K. & Johnson, H. (Eds.). (1998). *Encyclopedic dictionary of applied linguistics.* Oxford: Blackwell Publishers.
Jourdenais, R., Ota, M., Stauffer, S., Boyson, B., & Doughty, C. (1995). Does textual enhancement promote noticing? A think-aloud protocol analysis. In R. Schmidt (Ed.), *Attention and awareness in foreign language learning* (pp. 183-216). Honolulu: University of Hawai'i Press.
Kasper, G. & Blum-Kulka, S. (1993). *Interlanguage pragmatics.* New York, NY: Oxford University Press.
Kim, K. H. S., Relkin, N. R., Lee, K. M., & Hirsch, J. (1997). Distinct cortical areas associated with native and second languages. *Nature, 388* (6638), 171-174.
Krashen, S. (1983). Newmark's "ignorance hypothesis" and current second language acquisition theory. In S. Gass & L. Selinker (Eds.), *Language transfer in language learning* (pp. 135-153). Rowley, MA: Newbury House.
Larsen-Freeman, D. (2000). *Techniques and principles in language teaching* (2nd ed.). Oxford: Oxford University Press.
Larsen-Freeman, D. (2001). Teaching grammar. In M. Celce-Murcia (Ed.), *Teaching English as a second or foreign language* (3rd ed., pp. 251-266).

Boston, MA: Heinle & Heinle Publishers.

Larsen-Freeman, D. (2003). *Teaching language: From grammar to grammaring*. Boston, MA: Thomson and Heinle.

Leeman, J. (2003). Recasts and second language development. *Studies in Second Language Acquisition, 25* (1), 37-63.

Leeman, J. (2007). Feedback in L2 learning: Responding to errors during practice. In R. M. DeKeyser (Ed.), *Practice in a second language: Perspectives from applied linguistics and cognitive psychology* (pp. 111-137). Cambridge: Cambridge University Press.

Lightbown, P. & Spada, N. (2003). *How languages are learned* (3rd ed.). Oxford: Oxford University Press.

Long, M. (1991). Focus on form: A design feature in language teaching methodology. In K. de Bot, C. Kramsch, & R. Ginsberb (Eds.), *Foreign language research in crosscultural perspective* (pp. 39-52). Amsterdam: John Benjamins.

Long, M. (1996). The role of the linguistic environment in the second language acquisition. In W. C. Ritchie & T. K. Bhatia (Eds.), *Handbook of research on language acquisition: Volume 2, Second language acquisition* (pp. 368-413). New York, NY: Academic Press.

Long, M. & Robinson, P. (1998). Focus on form: Theory, research, and practice. In C. Doughty & J. Williams (Eds.), *Focus on form in classroom second language acquisition* (pp. 15-41). New York, NY: Cambridge University Press.

Loschky, L. & Bley-Vroman, R. (1993). Grammar and task-based methodology. In G. Crookes & S. Gass (Eds.), *Task and learning: Integrating theory and practice* (pp. 123-167). Clevedon: Multilingual Matters.

MacIntyre, P. D., Clement, R., Dörnyei, Z., & Noels, K. A. (1998). Conceptualizing willingness to communicate in a L2: A situational model of L2 confidence and affiliation. *The Modern Language Journal, 82* (4), 545-562.

Mackey, A. (Ed.). (2007). *Conversational interaction in second language acquisition*. Oxford: Oxford University Press.

Maruoka-cho Cultural Foundation. (1997). *Japan's best "short letters of love": The best 51 letters*. Fukui: Maruoka-cho Cultural Foundation.

Myles, F. (2005). Interlanguage corpora and second language acquisition research. *Second Language Research, 21* (4), 373-391.

Nelson, K. E. (1981). Toward a rare-event cognitive comparison theory of syntax acquisition. In P. S. Dale & D. Ingram (Eds.), *Child language: An international perspective* (pp. 229-240). Baltimore: University Park Press.

Odlin, T. (1989). *Language transfer: Cross-linguistic influence in language learning*. Cambridge: Cambridge University Press.

Oxford, R., Cho, Y., Leung, S., & Kim, H. J. (2004). Effect of the presence and difficulty of task on strategy use: An exploratory study. *International Review of Applied Linguistics, 42* (1), 1-47.

Paulston, C. B. (1971). The sequencing of structural pattern drills. *TESOL Quarterly, 5* (3), 197-208.

Pica, T., Kanagy, R., & Falodun, J. (1993). Choosing and using communication tasks for second language research and instruction. In G. Crookes & S. Gass (Eds.), *Task and language learning: Integrating theory and practice* (pp. 9-34). Clevedon: Multilingual Matters.

Pienemann, M. (1998). *Language processing and second language development: Processability theory*. Amsterdam: John Benjamins.

Pienemann, M. (Ed.). (2005). *Cross-linguistic aspects of processability theory*. Amsterdam: John Benjamins.

Prabhu, N. S. (1987). *Procedural syllabuses*. Singapore: SEAMEO Regional Language Center.

Richards, J. C. & Rodgers, T. (2001). *Approaches and methods in language teaching*. Cambridge: Cambridge University Press.

Richards, J. C. & Schmidt, R. (2010). *Longman dictionary of language teaching and applied linguistics* (4th ed.). Harlow, Essex: Pearson Education Limited.

Ringbom, H. (2007). *Cross-linguistic similarity in foreign language learning*. Clevedon: Multilingual Matters.

Rutherford, W. E. (1983). Language typology and language transfer. In S. M. Gass & L. Selinker (Eds.), *Language transfer in language learning* (pp. 358-370). Rowley, MA: Newbury House.

Rutherford, W. E. (1987). *Second language grammar: Learning and teaching*. New York, NY: Longman.

Samuda, V. (2001). Guiding relationships between form and meaning during task performance: The role of the teacher. In M. Bygate, P. Skehan, & M. Swain (Eds.), *Researching pedagogic tasks: Second language learning, teaching, and testing* (pp. 119-140). Harlow: Pearson Education.

Samuda, V. & Bygate, M. (2008). *Tasks in second language learning: Research and practice in applied linguistics*. Basingstoke: Palgrave Macmillan.

Sasaki, Y. (1997). Material and presentation condition effects on sentence interpretation task performance: Methodological examinations of the competi-

tion experiment. *Second Language Research, 13* (1), 66-91.
Savignon, S. J. (1997). *Communicative competence: Theory and classroom practice* (2nd ed.). New York, NY: McGraw-Hill.
Schachter, J. (1974). An error in error analysis. *Language Learning, 24* (2), 205-214.
Schauer, G. A. (2006). Pragmatic awareness in ESL and EFL contexts: Contrast and development. *Language Learning, 56* (2), 269-318.
Schmidt, R. (1990). The role of consciousness in second language learning. *Applied Linguistics, 11* (2), 129-158.
Selinker, L. (1972). Interlanguage. *International Review of Applied Linguistics in Language Teaching, 10* (1-4), 209-232.
Skehan, P. (1998). *A cognitive approach to language learning.* Oxford: Oxford University Press.
Spada, N. & Lightbown, P. (1989). Intensive ESL programmes in Quebec primary schools. *TESL Canada, 7*, 11-32.
Swain, M. (1985). Communicative competence: Some roles of comprehensible input and comprehensible output in its development. In S. Gass & C. Madden (Eds.), *Input in second language acquisition* (pp. 235-253). Rowley, MA: Newbury House.
Swain, M. (1995). Three functions of output in second language learning. In G. Cook & B. Seildhofer (Eds.), *Principles and practice in applied linguistics: Studies in honour of H.G. Widdowson* (pp. 125-144). Oxford: Oxford University Press.
Swain, M. (2005). The output hypothesis: Theory and research. In E. Hinkel (Ed.), *Handbook of research in second language teaching and learning* (pp. 471-483). Mahwah, NJ: Lawrence Erlbaum.
Swan, M. & Walter, C. (2001). *The good grammar book.* Oxford: Oxford University Press.
Takashima, H., Inoue, C., Yamane, C., Uzawa, N., Nagata, M., Sadahiro, T., & Shimamura, Y. (2006). Introducing a task activity for less proficient learners ― Enhancing the relationship among form, meaning and use ―. In Y. Kawaguchi, S. Zaima, T. Takagaki, Y. Tsuruga, & M. Usami (Eds.), *Linguistic informatics and spoken language corpora ― Contributions of linguistics, applied linguistics, computer sciences ―* (pp. 349-363). Tokyo: Tokyo University of Foreign Studies.
Takashima, H. & Sugiura, R. (2006). Integration of theory and practice in grammar teaching: Grammaring, grammarization and task activities. In A.

Yoshitomi, T. Umino, & M. Negishi (Eds.), *Readings in second language pedagogy and second language acquisition: In Japanese context* (pp. 59-74). Amsterdam: John Benjamins.

Tomlinson, B. (2005). English as a foreign language: Matching procedures to the context of learning. In E. Hinkel (Ed.), *Handbook of research in second language teaching and learning.* (pp. 137-153). Mahwah, NJ: Lawrence Erlbaum.

Trahey, M. & White, L. (1993). Positive evidence and preemption in the second language classroom. *Studies in Second Language Acquisition, 15* (2), 181-204.

Ushioda, E. (2001). Language learning at university: Exploring the role of motivational thinking. In Z. Dörnyei & R. Schmidt (Eds.), *Motivation and second language acquisition (Teaching Report #23)* (pp. 29-41). Honolulu, HI: University of Hawai'i, Second Language Teaching and Curriculum Center.

Van den Branden, K. (Ed.). (2006). *Task-based language education: From theory to practice*. Cambridge: Cambridge University Press.

VanPatten, B. (1996). *Input processing and grammar instruction in second language acquisition*. Norwood, NJ: Ablex.

VanPatten, B. (2004). *Processing instruction: Theory, research, and commentary*. Mahwah, NJ: Lawrence Erlbaum.

VanPatten, B. & Benati, A. G. (2010). *Key terms in second language acquisition*. London: Continuum International Publishing Group.

Vygotsky, L. (1978). *Mind in society*. Cambridge, MA: Harvard University Press.

Wartenburger, I., Heekeren, H. R., Abutalebi, J., Cappa, S. F., Villringer, A., & Perani, D. (2003). Early setting of grammatical processing in the bilingual brain. *Neuron, 37* (1), 159-170.

Wajnryb, R. (1990). *Grammar dictation*. Oxford: Oxford University Press.

Wilkins, D. A. (1976). *Notional syllabus*. Oxford: Oxford University Press.

Williams, J. (2005). Form-focused instruction. In E. Hinkel (Ed.), *Handbook of research in second language teaching and learning.* (pp. 671-691). Mahwah, NJ: Laurence Erlbaum.

Willis, D. (1996). Accuracy, fluency, and conformity. In J. Willis & D. Willis (Eds.), *Challenge and change in language teaching* (pp. 44-51). Oxford: Macmillan Heinemann.

Willis, D. & Willis, J. (2007). *Doing task-based teaching*. Oxford: Oxford Univer-

sity Press.
Willis, J. (1996). *A framework for task-based learning*. Harlow: Longman.
Yashima, T. (2002). Willingness to communicate in a second language: The Japanese EFL context. *The Modern Language Journal, 86* (1), 54-66.

青木昭六・池浦貞彦・金田正也（編著）．1983．『英語指導法ハンドブック3〈指導技術編〉』大修館書店．
新井邦二郎（編著）．1995．『教室の動機づけの理論と実践』金子書房．
池上嘉彦．2006．『英語の感覚・日本語の感覚〈ことばの意味〉のしくみ』日本放送出版協会．
市川伸一．2001．『学ぶ意欲の心理学』PHP研究所．
今井典子．2005．「中学校における正確さと流暢さを同時に高める言語活動の開発とその評価のあり方」『STEP BULLETIN（第17回「英検」研究助成　報告）』No. 17, pp. 133-151.
大石晴美．2006．『脳科学からの第二言語習得論：英語学習と教授法開発』昭和堂．
笠島準一・牧野勤・浅野博・池田正雄・下村勇三郎，他．2002．*New Horizon English Course 1, 2, 3.* 東京書籍．
上淵寿（編著）．2004．『動機づけ研究の最前線』北大路書房．
国立教育政策研究所　教育課程センター．2003．『平成13年度　小中学校教育課程実施状況調査報告書　中学校英語』
髙島英幸（編著）．1995．『コミュニケーションにつながる文法指導』大修館書店．
髙島英幸（編著）．2000．『実践的コミュニケーション能力のための英語のタスク活動と文法指導』大修館書店．
髙島英幸．2005 a．「外国語（英語）科の指導力をどう高めるか」工藤文三（編）『学力を育てる"教師力"の向上』教育開発研究所，pp. 101-105.
髙島英幸（編著）．2005 b．『英語のタスク活動とタスク― 34の実践と評価』大修館書店．
髙島英幸．2008．「巻頭論文：小学校外国語活動の在り方と授業の進め方」『千葉教育』千葉県総合教育センター，6月号，pp. 2-5.
髙島英幸．2009．「連載　小学校外国語活動はプロジェクト型で！⑥：プロジェクト型外国語（英語）活動の提案」『英語教育』大修館書店，9月号，pp. 52-55.
髙島英幸．2010．「外国語（英語）：理論」佐藤真（編）『各教科等での「見通し・振り返り」学習活動の充実：その方策と実践事例』教育開発研究所，pp. 178-184.
髙島英幸．2011．「第7章　2節　インターアクション」佐野富士子・岡秀夫・遊

佐典昭・金子朝子（編）『英語教育学大系 第5巻 第二言語獲得 ― 言語習得理論から見た第二言語習得』大修館書店.

髙島英幸・根岸雅史・村上美保子. 2007.「中学生の英語学力調査: 英語の文構造把握力の観点から」『平成15〜18年度科学研究助成金（基盤研究(B)(1)）研究報告書』.

投野由紀夫（編著）. 2007.『日本人中高生一万人の英語コーパス 中高生が書く英文の実態とその分析』小学館.

中島義明・子安増生・繁桝算男・箱田裕司・安藤清志・坂野雄二・立花政夫（編）. 1999.『心理学辞典』有斐閣.

速水敏彦. 2010.「自己効力感（セルフ・エフィカシー）とは何か」『児童心理』金子書房，11月号，pp. 1-10.

東野裕子・髙島英幸. 2007.『小学校におけるプロジェクト型英語活動の実践と評価』高陵社書店.

東野裕子・髙島英幸. 2011.『プロジェクト型外国語活動の展開 ― 児童が主体となる課題解決型授業と評価 ―』高陵社書店.

平田和人（編著）. 2008.『中学校新学習指導要領の展開 外国語科 英語編』明治図書.

廣森友人. 2006.『外国語学習者の動機づけを高める理論と実践』多賀出版.

廣森友人. 2010.「第3章 動機づけ研究の観点から見た効果的な英語指導法」小嶋英夫・尾関直子・廣森友人（編著）『英語教育学大系 第6巻 成長する英語学習者 ― 学習者要因と自律学習』大修館書店, pp. 47-74.

本田勝久. 2008.「動機づけ研究」小寺茂明・吉田晴世（編）『スペシャリストによる英語教育の理論と応用』松柏社, pp. 93-107.

村上美保子. 2011.「第7章 3節 アウトプット」佐野富士子・岡秀夫・遊佐典昭・金子朝子（編）『英語教育学大系 第5巻 第二言語習得 ― 言語習得理論から見た第二言語習得』大修館書店.

村上美保子・杉浦理恵・東野裕子・髙島英幸. 2006.「フィンランドから日本の英語教育への示唆 ― 教育水準世界一の国における英語教育 ―」『教職研修』教育開発研究社, 3月号, pp. 119-127; 4月号, pp. 56-65; 5月号, pp. 72-81.

村上美保子・東野裕子・今井典子・杉浦理恵・庄子順子・小暮晶子・奥村耕一・人見徹・髙島英幸. 2008.「諸外国の英語教育事情を通して日本の英語教育を考える ― 中国（瀋陽市・北京市）とスイス（バーゼル州）の視察を中心に ―」日本英語教育協会（編）『英語指導者養成講座 Book 2』日本英語教育協会, pp. 43-76.

村上美保子・東野裕子・西貝裕武・奥村耕一・桐生直幸・人見徹・柿本早紀・髙島英幸. 2009.「台北市の英語教育から日本の英語教育への示唆 ― コミュニ

ケーション能力を素地から育成する英語教育を考える ―」『教職研修』教育開発研究所,4月号,pp. 80-86;5月号,pp. 80-86;6月号,pp. 63-69.
村上美保子・今井典子・東野裕子・奥村耕一・杉浦理恵・桐生直幸・人見徹・柿本早紀・大谷多摩貴・髙島英幸.2010.「モスクワ市の英語教育にみる変化への挑戦 ― 日本の英語教育への示唆 ―」『教職研修』教育開発研究所,4月号,pp. 108-113;5月号,pp. 80-86;6月号,pp. 70-75;7月号,pp. 68-73.
文部省.1989 a.『中学校学習指導要領(平成元年3月)』http://www.mext.go.jp/b_menu/shuppan/sonota/890303.htm.
文部省.1989 b.『高等学校学習指導要領(平成元年3月)』http://www.mext.go.jp/b_menu/shuppan/sonota/890304.htm.
文部省.1998.『中学校学習指導要領(平成10年12月)』大蔵省印刷局.
文部省.1999.『高等学校学習指導要領(平成11年12月)解説 外国語編英語編』開隆堂出版.
文部科学省.2008 a.『小学校学習指導要領解説 外国語活動編』東洋館出版社.
文部科学省.2008 b.『中学校学習指導要領解説 外国語編』開隆堂.
文部科学省.2009.『高等学校学習指導要領 外国語編』http://www.mext.go.jp/a_menu/shotou/new-cs/youryou/kou/kou.pdf.
八島智子.2004.『外国語コミュニケーションの情意と動機 ― 研究と教育の視点』関西大学出版部.
山梨正明.1986.『発話行為(新英文法選書 第12巻)』大修館書店.

索 引

＊索引中の太字は，当該項目について詳細に記述している箇所を示している。

audiolingual method　**44, 191**
behavioral psychology　22, **191**
be動詞　25, 74, **75-87**
clarification request　15, 55, 173, **195**
cognitive comparison　iv, 22, **28-29**, **191**, 194
communicative competence　3, **192**
Communicative Language Teaching　45, **192**
comprehension check　15
confirmation check　15, 55, **195**
consciousness-raising task　64, 174
content-based language teaching　45, **193**
cross-linguistic influence
　→language transfer
dictogloss　14, 55, **59-61**, 74, 185, **193**
EFL (English as a Foreign Language)　iii, 8, 10, 12, 16, **26**, 31, **194**
elicitation　64, **195**
ESL (English as a Second Language)　6, 8, 10, 26, 31, 193, **194**
explicit correction　**195**
explicit knowledge　48, **195**, 199
feedback　11, 55, **195**
flow　70, **196-197**
fMRI　30, **197**
Focused Task　**8-9**, 13, 62, 74, 156, **197**, 207
Focus on Form, FonF　10-12, **53-57**, **197**

Focus on Form Activity, FonF活動　**9-12**, 22, 31, 42-44, 56-57, 66, 71, 73-74, 82, 83, 96, 107, 125, 138, 156, 171, 185, 207, 208, 226
Focus on Forms, FonFs　10-12, **44-45**, **198**
Focus on Meaning　53
immersion program　**198-199**
implicit knowledge　48, **199**
information gap　14, **199**
input enhancement　55, **59**, 74, 171, **199**
input flood　55, **59**, 61-62, 74, 83, 156, 171, **200**
input processing　56, **57**, 82, **200**
intake　13, **200**
interaction　12, **201**
interlanguage　**13**, 14, 28, 203, 205
language transfer　**22-25**, 30-31, **201**
learner corpus　30, **201**
metalinguistic feedback　**196**
morpheme　27, **202**
motivation　16, **70-71**, **202**
motive　70, **202**
negotiation of meaning　15, 201, **203**
negotiation task　56, **203**
noticing　28, 41, **203**
pattern practice　47, **203-204**
pedagogical task　8
performance test　69, **204**
pragmatics　31, **205**

Presentation-Practice-Production, PPP   35, **46-49**, **204**, 207-208
processing instruction
　→input processing
project   32, **205**
recast   11, 55, 59, 64, **196**, 198
repetition   99, **196**
self-efficacy   **71**, **205**
skill-based language teaching   193
structural syllabus   198
structured input   **57**, 200, **206**
SVO   24, 27, 28, 30, 50, 74, **101-110**
SVOO   24, 25-27, 28, 74, **101-110**
synthetic syllabus   45
Task   **7-9**, **206-209**
Task Activity, TA   9, 22, 74, 107, 125, **207**, 223
task-based curriculum   8, **207-208**
task-based language teaching (TBLT)   192, 207
task-essentialness   62, 197
task-naturalness   62, 197
Task-Oriented Activity, TOA   9, 10, **208**
task-supported curriculum   8, 208
task-supported language teaching (TSLT)   47, 192, 208
task-usefulness, task-utility   62, 197
TBL (task-based learning) framework   43, **208**
transformational generative grammar   23, **208-209**
Unfocused Task   **8-9**, 197, **209**
uptake   56, 87, **209**
willingness to communicate, WTC   **71**, 202, **209**

アウトプット   **13-14**, 15, 17, 26, 28, 47, 62, 194, 200, 201, 203

暗示的知識   48, 195, **199**
一般動詞   25, 74, **75-87**
イマージョン・プログラム   45, 193, **198-199**
意味のやり取り   15, 201, **203**
インターアクション   iii, 12, **14-15**, 17, 26, 41-42, 53, 66, **201**
インテイク   **13**, **200**
インフォメーション・ギャップ   14, **199**
インプット   iii, 12, **13**, 15, 17, 26, 28, 55, 57, 59, 199-201, 203, 206
受け身   36-43, 49-52, 57-64
英語教員力   **6**
オーディオリンガル・メソッド   **44**, **191**
外国語活動   **4**, 32-33, 68, 205, 209
学習指導要領   iii, iv, **3-7**, 10, 12, 15-16, 33, 35, 47, 192, 209
学習指導要領解説外国語編   **3-4**, 7
学習者コーパス   30, **201**
課題解決   iv, 7, 11, 13, 16, 33, 47, 68, 71, 205, 207
関係代名詞   24, 28, 30, 74, **146-161**
気づき   41, 42, 59, 69, 173, 199, **203**, 204
疑問詞   25, 74, **88-100**
形態素   27, **202**
言語形式   9, 11, 25, 28, **38-44**, 53-56, 64, 191, 197, 198, 207, 208, 209
言語使用   10, 14, **38-41**
言語転移   **22-25**, 30-31, **201**
構造シラバス   198
後置修飾   24, 26, 27, 28, 30, 74, **130-145**
行動主義心理学   22, **191**
コミュニカティブ教授法   **45**, **192**
コミュニケーション能力   3-4, 6-8, 11, 12, 22, 31, 35, 45-47, **192**, 206
語用論   31, **205**
自己効力感   **71**, **205**

時制
    過去完了形　28, 74, **176-190**
    過去形　25, 28, 31, 41, 69, 74, **177-189**, 203, 206, 223
    現在完了形　24, 25, 164, 178, 179, 207, 223
    現在形　25, 41, 68, 195
    未来表現　25, 41
自動詞　74, **162-175**
真正性　70, 197, 209
スキャニング　117
前置修飾　**130-145**
タスク　iv, **7-9**, 10, 11, 12-13, 16, 28, 43, 47, 70, 129, 192, 196-197, 203, 205, **206-209**
タスク活動　9, 10, 14, 22, 28, 68-69, 107, 125, 138, 191, **207**, 223
タスク支援のカリキュラム　8
タスクを志向した活動　9, 10, **208**
タスクを中心とした学習の枠組み　43, **208**
タスクを中心としたカリキュラム　8, 43, **207-208**
他動詞　74, **162-175**
中間言語　**13**, 14, 28, 203, 205
伝統的教授法　**44-46**
動機　**70**, 202
動機づけ　16, 26, **70-71**, 202
統合シラバス　45
ドリル　9, **47-48**, 191, 198
内容中心教授法　**45**, 193
認知比較　iv, 22, **28-29**, 191
能動態　36-43, 49-52, 57-64

パタン・プラクティス　47, 191, **203-204**
発話行為　31, **206**
パフォーマンステスト　69, **204**
フィードバック　11, 12, 42-44, 50, 54-56, 66, 69, 99, 107, 129, 139, 156, 189, 194, **195-196**, 197, 198, 200, 209
フォーカス・オン・フォーム　iv, 10-12, 44, **53-56**, 61, **197-198**, 204
「フォーカス・オン・フォーム」アプローチ　**10-12**, 22, 31, 61, 68, 198, 208
フォーカス・オン・フォーム活動　9
フォーカス・オン・フォームズ　10-12, **44-45**, 197, **198**, 204
不定詞　74, **111-129**
形容詞的用法　25, 74, 111, **115-121**, 125, 129, 145
副詞的用法　74, **111-115**, 121-124, 125, 129
プラクティス　iv, 9-12, 35, 36, 42, 44, **46-52**, 66, 68, 207
フロー　70, **196-197**
プロジェクト　32-33, **205**
分詞　74, **130-145**
過去分詞　24, 28, 31, **133-135**
現在分詞　17, 24, 28, **131-135**
分詞構文　**17-21**
文法シラバス　46
文法説明　iii, iv, 3, **10-12**, 22, 28, **35-44**, 46-49, 56, 66, 69, 71, 73-74, 193, 207, 223-224
変形生成文法　23, **208-209**
明示的知識　48, **195**, 199

あとがき

　本書は，筆者の編著による大修館書店から出版された4冊目となる。
　1995年には，学習する文法事項がコミュニケーションにつながり，実際に使える英語となるためには，どのような文法説明が効果的であるのかについてまとめ，『コミュニケーションにつながる文法指導』とした。
　2000年には，教室で日常行われている音声による言語活動が「習ったことを言ってみる」練習段階に留まっている現状を改善するための手助けとして，教室外の実践的なコミュニケーションとのギャップを埋めるための活動である「タスク活動（Task Activity, TA）」を考案した。これは，タスク的な課題解決型の言語活動であるが，学習した文法事項の使い分け（例えば，過去形と現在完了形）を意図した文法指導の一環としての言語活動である。平成10年改訂の学習指導要領の趣旨に沿った活動としての提案であったため『実践的コミュニケーション能力のための英語のタスク活動と文法指導』とした。
　その5年後の2005年，教室における言語活動のゴールとしてのタスク（Focused Task）とタスク活動を活動の評価と共に文法項目別に提案し，『文法項目別　英語のタスク活動とタスク―34の実践と評価』として出版した。前書2冊と合わせて，検定教科書を基本とした授業の流れに沿った文法と，コミュニケーションの両者を大切にした言語活動を含んだ文法指導シリーズと考えていただいてよい。
　そして，2011年に出版された本書は，実際の授業を想定し，より具体的な文法説明とタスク活動などのFonF活動に至る一連の流れと，言語活動を有機的に繋げるために欠くことのできないプラクティスを併せた「フォーカス・オン・フォーム」アプローチを提案している。平成20年改訂の学習指導要領のキーワードである「総合的」および「統合的」な言語活動を具体的に示し，文法説明と結び付けている。
　以上のことを図式化すると，それらの関係は次の図のようになる。

```
            Communicative Activities
   ┌──────────┐  ┌──────┐ ┌──────┐ ┌──────┐
   │ Practice │  │ TOA  │ │  TA  │ │ Task │
   └──────────┘  └──────┘ └──────┘ └──────┘
                     └── FonF Activities ──┘

   ←─────────────────────────────────────────→
   More Form-Focused              More Message-Focused
```

| コミュニケーションに |
| つながる文法指導（**1995**）|

| 実践的コミュニケーション能力のための |
| 英語のタスク活動と文法指導（**2000**）|

| 文法項目別 |
| 英語のタスク活動とタスク |
| ―34の実践と評価（**2005**）|

| 英文法導入のための「フォーカス・オン・フォーム」アプローチ（**2011**）|

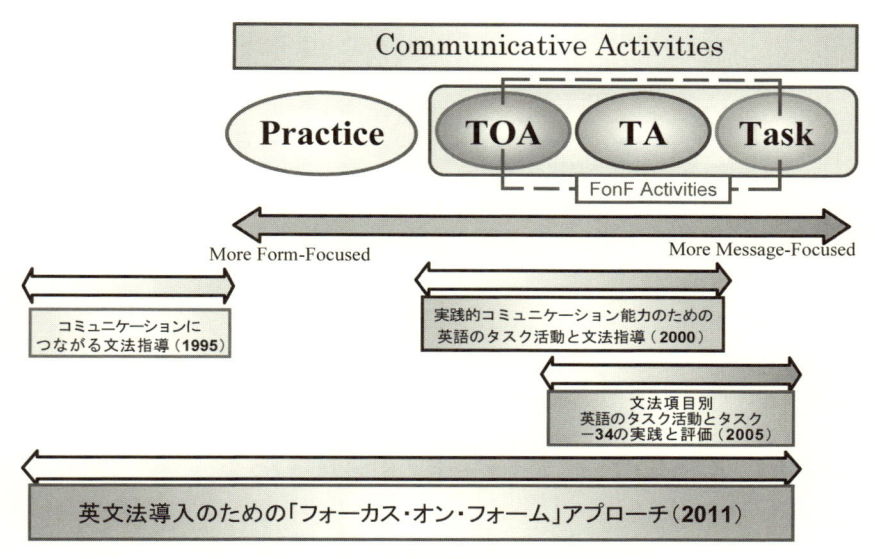

図　本書と3編著書，文法説明と言語活動との関係

　これからの日本の英語教育は，「英語で授業を行う」ことが求められている。これは，授業が英語をコミュニケーションの手段として使う場となっていないことが問われているのであり，英語の文法用語（例えば，modifier, *to*-infinitiveなど）を用いて文法説明することが求められているのではない。本書での提案は，FonF活動を授業の核として，教師と生徒とのやり取りの中で，英語をコミュニケーションの手段として使うことができる能力を育成するのが最大の目的である。文法は形式面だけではなく，意味やその使い方に，できるだけ英語を用いた自然な会話を通して気づかせ，プラクティスやFonF活動を行わせることで知識の定着を図ることが可能となるのである。
　本書が先生方の授業に「うまみ」を添え，教師も生徒もその味を楽しんでいただけることを願っている。

平成23年1月

髙島英幸

〈執筆者一覧と担当箇所〉

今井 典子	高知大学准教授	第3章総括
(いまい のりこ)		1.3 / 3.1 / 3.2.8
奥村 耕一	横浜市立旭中学校主幹教諭	3.2.3 / 3.2.5 / コラム3
(おくむら こういち)		
桐生 直幸	鎌倉女子大学短期大学部専任講師	3.2.7 / コラム4
(きりゅう なおゆき)		
杉浦 理恵	東海大学准教授	用語の解説総括
(すぎうら りえ)		2.1 / 3.2.2
髙島 英幸	東京外国語大学教授	編著者,
(たかしま ひでゆき)		第1章総括 / 1.1 / 1.2
東野 裕子	尼崎市立杭瀬小学校教頭	コラム2
(ひがしの ゆうこ)		
人見 徹	東京外国語大学博士後期課程	参考文献・索引総括
(ひとみ とおる)		3.2.4 / 3.2.6 / コラム1
村上 美保子	茨城キリスト教大学准教授	第2章総括
(むらかみ みほこ)		1.4 / 2.2 / 3.2.1

〈英文校閲〉

Girard, Patricia　　元サンタモニカ・カレッジ専任講師
Kano, Caroline　　東京外国語大学客員教授

（所属は平成25年8月現在）

◆編著者紹介

髙島英幸（たかしま・ひでゆき）

福井県出身。
広島大学大学院・カリフォルニア大学ロサンジェルス校（UCLA）大学院・テンプル大学大学院修了。鹿児島大学助教授，兵庫教育大学教授を経て，現在，東京外国語大学大学院総合国際学研究院 教授。教育学博士（Ed.D.）。専門は英語教育学。
平成10年度『中学校学習指導要領解説外国語編』作成協力者。評価規準，評価方法等の研究開発（中学校英語）のための協力者。平成13・15年度小中学校教育課程実施状況調査問題作成委員会・結果分析委員会（中学校英語）委員。日本児童英語教育学会（JASTEC），大学英語教育学会（JACET）会員。
主な著書に，『コミュニケーションにつながる文法指導』，『実践的コミュニケーション能力のための英語のタスク活動と文法指導』，『文法項目別 英語のタスク活動とタスク―34の実践と評価』（いずれも，大修館書店）などがある。

英文法導入のための「フォーカス・オン・フォーム」アプローチ

ⓒ Hideyuki Takashima, 2011　　　　　　　　NDC375／vii, 228p／21cm

初版第1刷	2011年5月10日
第2刷	2013年9月1日

編著者	髙島英幸（たかしまひでゆき）
発行者	鈴木一行
発行所	株式会社　大修館書店

〒113-8541　東京都文京区湯島2-1-1
電話　03-3868-2651 販売部／03-3868-2293 編集部
振替　00190-7-40504
[出版情報] http://www.taishukan.co.jp

装丁者	杉原瑞枝
本文イラスト	石毛康之・川上和子・村上美保子
印刷所	壮光舎印刷
製本所	司製本

ISBN978-4-469-24560-8　Printed in Japan

Ⓡ本書のコピー，スキャン，デジタル化等の無断複製は著作権法上での例外を除き禁じられています。本書を代行業者等の第三者に依頼してスキャンやデジタル化することは，たとえ個人や家庭内での利用であっても著作権法上認められておりません。

英語教育 **21** 世紀叢書　023

タスクを活用した
英語授業のデザイン

松村昌紀[著]
●四六判・320頁
本体2,400円

この1冊でタスクがわかる！

「タスクって何？」「授業でやるのは無理」「ゲームみたいで深みがない」「評価はどうやってする？」——こんな疑問や思い込みを抱いていませんか？ 20のポイントに分けて、タスクについて詳しく解説します。また、フォーカス・オン・フォームもわかりやすく説明します。

主要目次　第1章「タスク」とは何か／第2章 タスク利用の意義／第3章 タスク中心の言語指導／第4章 タスクのさまざまな用い方／第5章 タスク活用における課題とその克服／第6章 タスク活用のポイント／第7章 タスク利用型の言語テスト／第8章 英語教育の選択

大修館書店　書店にない場合やお急ぎの方は、直接ご注文ください。☎03-3934-5131

英語教育 **21** 世紀叢書　022

協同学習を取り入れた
英語授業のすすめ

江利川春雄[編著]
●四六判・272頁
本体2,000円

学び合い、高め合う21世紀型の英語授業

英語を学ぶ喜びを教室一杯に広げ、生涯にわたり学びを楽しむ自律学習者を育てたい——小学校から大学まで、英語科における協同学習の理論と実践を、合計27本の実践報告・実践事例とともに紹介する初のガイドブック。授業プランやプリント例、授業風景の写真なども多数収録。

主要目次　第1章 協同学習の基本的な考え方／第2章 英語授業での協同学習の進め方／第3章 小学校外国語活動での協同学習／第4章 中学校英語授業での協同学習／第5章 高校英語授業での協同学習／第6章 大学英語授業での協同学習／第7章 学校全体での協同学習へ／第8章 英語科協同学習Q&A／〈資料〉実践事例集

大修館書店　書店にない場合やお急ぎの方は、直接ご注文ください。☎03-3934-5131

英語教育 21 世紀叢書　　　　　　　　　　　　　　　021

英語教師のための
コンピュータ活用法

濱岡美郎［著］
●四六判・240頁
本体1,800円

毎日の授業に役立つ情報処理の基礎知識

コンピュータを活用すれば、日々の業務が大幅に効率化できるだけでなく、種々の分析ツールやインターネット上の多彩な情報、マルチメディアを使った効果的な授業が可能になります。本書では教材作成、テストの実施、成績管理から論文作成や発表の手法まで、英語教師に不可欠な知識と技術をわかりやすく解説します。

目次から
- ◉パソコンで電子辞書を活用する
- ◉印刷物をデジタル化し整理する──データ入力
- ◉エクセルで成績を管理する──成績処理
- ◉問題を効率良く作る
- ◉ホームページを作成する──HTML文書の扱い
- ◉音声データを活用する──音声処理

大修館書店　　書店にない場合やお急ぎの方は、直接ご注文ください。☎03-3934-5131

コミュニケーションにつながる
文法指導

髙島英幸 編著

「いくら文法を覚えても英語が使えるようにならない」と批判されてきた教室での「文法指導」だが、本当に「コミュニケーションに役立つ文法」を教えることは出来ないのだろうか。本書はその方策を理論と実践の両面から探り、従来の文法指導からコミュニケーションにつながる方向への軌道修正を提案する。

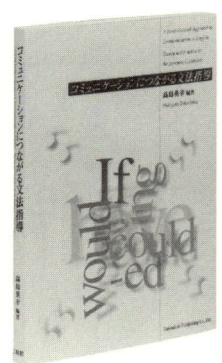

●A5判・171頁　本体1,900円

大修館書店　　書店にない場合やお急ぎの方は、直接ご注文ください。Tel.03-3934-5131

「実践的コミュニケーション能力のための 英語のタスク活動と文法指導

髙島 英幸 [編著]

【―目 次―】
第1章 実践的コミュニケーション能力の育成
第2章 実践的コミュニケーション能力のためのタスク活動
第3章 コミュニケーション志向の文法説明とタスク活動
第4章 タスク活動の作成と評価
第5章 用語の解説

新指導要領の焦点の一つ、「**実践的コミュニケーション能力**」。本書ではその本質を考え、生徒がそれを身につけるための**タスク活動と指導手順を解説する。活動しながら文法能力もつく指導方法を提案する**。活動例多数掲載。

A5判・294頁　本体2,500円

大修館書店　書店にない場合やお急ぎの方は、直接ご注文ください。Tel. 03-3934-5131

文法項目別 英語のタスク活動とタスク
―34の実践と評価

髙島英幸 編著

教室言語活動の集大成――理論と実践の両面から
限られた時間で、言語習得・学習の効率を最大限高めるためには、どんな言語活動をすればいいか？ 小学校から高校まで、「実践的コミュニケーション能力の育成」につながる授業の形と評価法を、実践例で紹介する。言語活動を評価する具体的な文法項目別観点付。

■ 第1章 実践的コミュニケーション能力の育成に必須の言語活動
主要目次　第2章 タスク活動・タスクなどの言語活動の実施と評価
　　　　　第3章 タスク活動・タスクの具体例と評価
　　　　　第4章 小・中・高等学校における英語教育の連携
■ 第5章 用語の解説

●A5判・306頁　本体2,400円

大修館書店　書店にない場合やお急ぎの方は、直接ご注文ください。☎03-3934-5131

定価＝本体＋税 （2013年8月現在）